U0616025

李嘉诚

经商课
BUSINESS CLASS

LIJIACHENG

鲁 智◎著

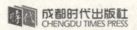
成都时代出版社
CHENGDU TIMES PRESS

图书在版编目(CIP)数据

李嘉诚经商课 / 鲁智著. -- 成都：成都时代出版社,2014.8

ISBN 978-7-5464-1204-7

Ⅰ.①李… Ⅱ.①鲁… Ⅲ.①李嘉诚–商业经营–经验 Ⅳ.①F715

中国版本图书馆 CIP 数据核字(2014)第 145641 号

李嘉诚经商课
LIJIACHENG JINGSHANGKE
鲁智 著

出 品 人　石碧川
责任编辑　李　林
责任校对　李　航
装帧设计　吴小敏
责任印制　干燕飞

出版发行　成都时代出版社
电　　话　(028)86621237(编辑部)
　　　　　(028)86615250(发行部)
网　　址　www.chengdusd.com
印　　刷　北京高岭印刷有限公司
规　　格　710mm×1000mm　1/16
印　　张　16
字　　数　260 千
版　　次　2014 年 8 月第 1 版
印　　次　2014 年 8 月第 1 次印刷
书　　号　ISBN 978-7-5464-1204-7
定　　价　35.00 元

Preface >>

前　言

2014 年，已经 86 岁高龄的李嘉诚以所拥有财富达 2000 亿元而稳坐"2014 全球华人首富"宝座，同时保住了"亚洲首富"的位置，全球排名第 12 位。

"超人"李嘉诚总是能以自己独特的经商智慧，引起商界的大波澜。

近段时间以来，中国房产界出现了个奇怪的现象："华人首富"李嘉诚在短时间内迅速抛售他在内地的房产，在一个月的时间内，其旗下的长江实业与和记黄埔相继宣告或即将抛售百佳超市、上海陆家嘴东方汇经中心 OFC 写字楼、广西西城都荟广场及停车场，涉及金额达 410 亿元。

而就在 3 月初，据香港电台报道，李嘉诚在接受内地网站专访时表示："科技领域推动各行各业实际的改变。"他认为，要抓住下一个大机会，一定要马上抓住新科技。就在目前，李嘉诚投资纳米 LED 灯泡，迅速刺激照明概念股抽升，甚至 TOM 集团的股价亦被带动炒高超过一成。

李嘉诚曾说："香港代代都有能人，只要他们专注企业发展，敢于面对挑战，放眼四海，机会多的是。"

李嘉诚，这个世界级的富豪与财富"不倒翁"究竟是怎样炼成的呢？

李嘉诚，这个家喻户晓的传奇人物，一生历经商场，缔造了一段商魂传说。14 岁辍学养家，在茶馆跑堂；17 岁进入五金厂当推销员，凭借出色的业绩荣升部门经理；不到 20 岁，一跃成为总经理；22 岁辞职离去，靠着 5 万元，开办了自己的第一家工厂——长江塑胶厂，从此，开始了他在商界摸爬滚打的商业生涯。

"苦难的生活,是我人生的最好锻炼。"李嘉诚创业之初,不过是个穷困潦倒的穷小子,但他凭着那股倔强、不肯屈服于命运的性格,在经历了生活中的种种磨难与痛苦后,一步步走上了经商之路。"天下没有免费的午餐",李嘉诚其实很清楚。他知道,走上了经商之路,便是走上了更加残酷的战场,需经历"劳其筋骨,饿其体肤"的历练方能成大器。"从石缝里长出来的小树,则更富有生命力"。

　　成功,10%靠运气,90%靠勤奋。"当你们梦想伟大成功的时候,你有没有刻苦的准备?当你们有野心做领袖的时候,你有没有服务于人的谦恭?我们常常都想有所获得,但我们有没有付出的情操?"李嘉诚从不相信命运,他只相信成败掌握在自己的手中。

　　李嘉诚曾说:"一个人做得再成功,也仅仅是生存了下来;况且,那些成功都是过往的成绩,不代表你明天一觉醒来,生意还在。我唯一相信的是,未来之路还会崎岖不平,必须'如临深渊、如履薄冰'地面对明天。"白手起家的资本是:努力,努力,再努力。

　　做生意,无信不立;积累信誉,就是在积累财富。李嘉诚曾说:"生意人最紧要的是讲信誉、守信用。一个人不讲信誉、不守信用,谁还愿意和他做生意呢?"一诺千金,信誉感召——奠定企业不败之基。

　　商场竞争,适者生存。有志者,事竟成。在几十年的商海生涯中,李嘉诚时刻保持着壮志雄心,那些困难、挫折,丝毫不能降低他"视死如归"的干劲。"自信人生二百年,会当水击三千里",在商人眼中,挫折、苦难除了锻炼人的坚韧意志力外,更重要的是,人能够在艰苦的环境中学到很多平时无法学到的处世智慧,从而独具慧眼。

　　命运对任何人都很公平,做生意有顺境,有时也会遭遇到逆境。"不必再有丝毫犹豫,竞争即搏命,更是斗智斗勇。倘若连这点勇气都没有,谈何在商场立脚?"永不放弃,永不言败,在逆境中寻找事业的突破口,才是强者之势。在李嘉诚看来,风险与利润是一枚硬币的两面,做生意就要随时面对不确定性,从而夺取成功。失败不可怕,可怕的是失败后一蹶不振。"成事在天,谋事在人"，你的选择是做或不做，但不做就永远不会有机会。怨恨只会导致你"只失无得"。振作起来，寻找东山再起的机会，成功的大门永远只向不肯屈服于命运之人敞开。

做生意便是与人合作，你的人脉枝繁叶茂，生意才会畅通无阻。李嘉诚常说："要想在商业上取得成功，首先要懂得道理，因为世情才是大学问。世界上每个人都精明，要令人家信服并喜欢和你交往，那才是最重要的。"多结善缘，最重要的是让他人喜欢你本人，而非你的事业。商场黑暗，尔虞我诈，阴谋陷阱数不胜数，但绝不能为了防备极少数坏人，连朋友也拒之门外。人脉是经商者不可多得的有利资源。"

李嘉诚认为，作为一个商人，必须具备高瞻远瞩的眼界。一个人的成功，从来不会缺少机遇，但却需要你能有发现机遇的视角。审时度势，嗅觉敏锐，具有国际视野、全球化思维，方能在"司空见惯"中寻到商机，最后一飞冲天。

全球知名财经杂志《福布斯》曾如此评价道："环顾亚洲，甚至全球，只有少数企业家能够从艰苦的童年中，克服种种挑战而成功建立一个业务多元化及遍布全球54个国家的庞大商业王国。李嘉诚在香港素有'超人'的称号。事实上，全球各地商界翘楚均视他为拥有卓越能力、广阔企业视野和超凡成就的强人。"

本书《李嘉诚经商课》推陈致新，将李嘉诚的事业生涯、成功之道一一呈现，其中李嘉诚创业、守业的历程，足以给我们众多宝贵的启示。本书还从多角度解析了李嘉诚的财富之术、成功之论。

李嘉诚的每一句话都带着商业味道，这"12条黄金法则"，即"12条通往财富的捷径"，可以帮助每一位创业者开启成功之门。

Contents >>
目 录

第三课　坚韧:石缝里长出来的小树更富有生命力 ············· 41

"古之立大事者,不唯有超世之才,亦必有坚忍不拔之志。"苦难的生活,是你人生的最好锻炼。没有丝毫犹豫的竞争既是搏命,更是斗智斗勇,倘若连这点勇气都没有,谈何在商场立脚。李嘉诚14岁辍学就业,历经种种困苦与磨难,积累了丰富的人生经验与阅历,他坚信,石缝里长出来的小树更富有生命力。

香港《文汇报》曾刊登李嘉诚专访,当主持问道"俗话说,商场如战场。经历那么多艰难风雨之后,您为什么对朋友甚至商业上的伙伴抱有十分的坦诚和磊落"时,李嘉诚答:"跟我做伙伴的,合作之后都能成为好朋友,从来没有一件事闹过不开心,这一点是我引以为荣的事。"生意的本质就是关系,一个人越讲情义,人脉越广,生意自然越兴隆。

一些人高瞻远瞩,把握时机,财富大发;一些人目光短浅,急功近利,下错了赌注,倾家荡产。李嘉诚常常教育子女:投资者要有远见,能高瞻远瞩,以大局为重,"不为浮云遮望眼"。企业领导必须具有国际视野,能全景思维,有长远眼光,务实创新,掌握最新、最准确的资料,作出正确的决策、迅速行动,全力以赴。

第六课　求稳:不打无准备之仗是经商必备的素质 ………… 102

> 　　投资讲策略,发展需谨慎,三思而后行,方战无不胜,攻无不取。李嘉诚的成功建立于扩张中,但他在扩张中不忘谨慎,在稳健与进取中取得平衡。船要行得快,但面对风浪一定要稳得住。"慢中求稳"的谨慎策略是在全新市场中获取长期优胜的正确选择。

第七课 借力:要学会借鸡生蛋,以小搏大 ················ 126

> 要成就大事业,个人的力量是微不足道的,也是远远不够的。因此我们要借助别人的力量,集合团体的智慧,方能叩开成功的大门。李嘉诚被誉为"超人",面对此等殊荣,他却说:"你们不要老提我,我算什么超人,是大家同心协力的结果。"

第八课 互惠:合作是商人腾飞的起点 ················ 146

> 李嘉诚说:"做事要留有余地,不把事情做绝。有钱大家赚,利润大家分享,这样才有人愿意合作。假如拿10%的股份是公正的,拿11%也可以,但是如果只拿9%的股份,就会财源滚滚来。"他认为,顾及对方的利益是最重要的,不能把目光仅仅局限在自己的利上,自己舍得让利,让对方得利,最终会给自己带来更大的利益。

第九课 取舍:有所不为才能有所为

> 李嘉诚对自己一直有个约束,他说:"并非所有赚钱的生意都做。有些生意,给多少钱让我赚,我都不赚;有些生意,已经知道是对人有害的,就算社会容许做,我都不做。""我绝不同意为了成功而不择手段,刻薄成家,理无久享。"

李嘉诚说:"长江取名基于长江不择细流的道理,因为你要有这样豁达的胸襟,然后你才可以容纳细流。没有小的细流,又怎能成为长江?只有具有这样博大的胸襟,自己才不会那么骄傲,不会认为自己样样出众,承认其他人的长处,得到其他人的帮助,这便是古人说的'有容乃大'的道理。我之所以选择'长江'这个名字,就是勉励自己必须有广阔的胸襟。"

狭路相逢勇者胜。有勇无谋,匹夫也;有谋无勇,竖儒也,智勇双全,方为国士。李嘉诚一直稳坐商场上"常胜将军"的交椅,凭借超人的胆识与气魄,与竞争博弈,见招拆招,变危为机,与时间赛跑,当机立断,被视为商界"超人"。

第十二课　学习:一辈子都在努力自修 ·························· 226

李嘉诚说:"同事们去玩的时候,我去求学问;他们每天保持原状,而我的学问日渐提高。"学无止境,对商人而言,财富是知识资本和智慧的结晶。李嘉诚认为"一个人只有不断填充新知识,才能适应日新月异的现代社会,不然你就会被那些拥有新知识的人所超越"。

第一课

勤奋：成功10%靠运气，90%靠勤奋

所谓"一分耕耘，一分收获"，一个人所获得的报酬和成果，与他所付出的努力成正比。李嘉诚认为，运气只是一个小因素，个人的努力才是创造事业的最基本条件。他告诫创业者："生存考验只是一种挑战，年轻人更应自觉加强吃苦锻炼。"

1. 吃苦耐劳，是创业的精神食粮

一些创业新手，一心想干番大事业，有大成就，却无奈时运不济，事事受挫，久而久之便失去了做生意的劲头，借口多多，无法创造更多的财富。在没有资本的情况下，你只能凭借一双手和聪明的头脑以及百折不挠的精神，在波浪起伏的商海中摸爬滚打。

李嘉诚曾说："苦难的生活，是我人生的最好锻炼，尤其是做推销员，使我学会了不少东西，明白了不少事理。所有这些，是我今天10亿、100亿也买不到的。"

李嘉诚14岁担负起了养家的重任。面对人生的转折，面对恶劣的环境，他不想寻求他人的荫庇和恩惠，只依靠自己自立自强。

刚开始找工作时，李嘉诚确实有几分倔强，两天来遭受的种种挫折，使他产生了一个顽强的信念：我一定要找到工作！苍天不负有心人，李嘉诚终于在西营盘的"春茗"茶楼找到一份工作，这是一个清苦艰难却磨炼人意志的工作。

茶楼的工时，每天都在15个小时以上。茶楼打烊，已是半夜人寂时。李嘉诚回忆这段日子，说："我是披星戴月上班去，万家灯火回家来。"这对一个才十四五岁的少年，实在是太苦了。后来，李嘉诚对儿子谈他少年的经历时说："我那时，最大的希望，就是美美地睡3天3夜。"

苦难的生活并没有就此结束，只是一个开始。后来，李嘉诚先后在舅舅的钟表公司、五金厂和一家塑胶公司工作，逐渐从自强自立走上了成功的道路。

巴尔扎克有一句名言："苦难是人生的老师。"苦难让人丰富、成熟而又善良。人们在苦难中学会了坚强和忍耐，性格也变得平和而达观。从现实来看，大凡在单位里受到领导重视，在事业上有大发展的人，莫不是那些在工作中吃苦耐劳、踏踏实实、兢兢业业的实干苦干者。

一个吃不起苦的人，就算野心勃勃，有雄心壮志，也会在最开始的艰苦创业中败下阵来。艰苦的环境磨炼了李嘉诚的意志，锻炼了他坚强不屈的性格。正如李嘉诚所说："从石缝里长出来的小树，则更富有生命力。"来自生活的磨难让他勇气倍增，努力地改变现状，不向生活低头，不断挑战自我，超越自我，一步步地走向成功。

1995年马云创立中国黄页时，只租了一个房间当办公室，只有一台电脑，一块钱一块钱地数着花。

1999年3月，在杭州创办阿里巴巴公司时，马云面临的环境依旧很艰苦。为了节约费用，他的家庭住宅成了公司住址，他同他的创业伙伴，夜以继日地工作，地上有一个睡袋，谁累了就钻进去睡一会儿。无论有多困难，马云从不会向命运低头。

马云曾在"西湖论剑"的论坛上，阐述浙商成功的原因："在中国，浙江的创业者非常多，他们百折不挠，万难不怕，不放过任何发展机会，他们用自己开创新天地的勇气和精神，给中国乃至世界都留下了极其深刻的印象。"

创业的成功除了强大的实力以及资金，更需要耐力，需要克服千辛万苦的耐力。吃苦耐劳是大多数创业者的竞争优势，更是创业者长远发展的重要保证。

1974年，当盖茨还在哈佛大学上二年级时，常常在哈佛大学的艾肯计算机中心钻研电脑，疲惫不堪时便趴在电脑上酣然入睡。他的同学说，常在清晨时发现盖茨在机房里熟睡。

在新墨西哥州阿尔布开克时期，盖茨除了谈生意、出差，就是在公司里通宵达旦地工作。有时，秘书常看到他躺在办公室的地板上熟睡。那时，盖茨和合伙人艾伦经常光顾阿尔布开克的晚间电影院，他们把看电影当作一种休息，看完电影后又回去埋头苦干。

创业是一个艰辛的过程，其结果是无法预料的，想要成功我们就必须有足够的承受能力，"生存考验只是一种挑战，年轻人更应自觉加强吃苦锻炼的能力"，"能干常人不肯干的活，能吃常人不肯吃的苦，能赚别人看不起的钱"，那些已经站在世界顶端的富商，无一不是用自己辛劳的汗水奠定自己的基业。

因此，要成功必定要历经"劳其筋骨，饿其体肤"的磨炼，在这之中不断升华自身，积蓄能量。"天下没有免费的午餐"，眼高手低，好高骛远，一心想要不劳而获者，终究一无所成，须知"吃得苦中苦，方为人上人"。

2. 不只为薪水工作，才能收获更多

大部分人做生意的初衷，是为了多赚取些钱财，但苦于竞争的压力，以及创业的各种艰辛，他们退而求其次，只看重力所能及的小本买卖，有点小收获，保证衣食无忧便可。"一分耕耘一分收获"，做生意不能只为了糊口度日的有限收入，既然创业，不闯出一番天地，如何对得起拉自己走上创富之路的人生目标？

16岁的李嘉诚突然辞别舅父庄静庵的钟表店，选择在五金厂当推销员。

一次，有一家刚落成的旅馆正准备开张，李嘉诚的几个同事建功心切，抢先找到旅馆老板，结果无功而返，原来老板有意与另一家五金厂交易。

李嘉诚迎难而上，他先与旅馆的一个职员交朋友，然后从那个职员

口中套知老板的有关情况，以选择突破口。据他了解，那老板有一个儿子，很喜欢看赛马。老板虽然很宠溺他，但旅馆开张在即，根本抽不出时间陪儿子。

李嘉诚随后让这个职员搭桥，自掏腰包带老板的儿子去跑马场看赛马。老板的儿子玩得兴高采烈。李嘉诚的举动令老板十分感动，不知如何答谢才好，于是，爽快地同意从李嘉诚手中买下380只铁桶。此事让李嘉诚获取了五金厂"一等英雄"的赞誉。

仅为了有限的报酬而付出努力，无法获得更多财富。没有更高远的自我提升和发展意识，所有事情只知被动接受，缺少主动性与积极性，财富自然会将你拒之门外。

公司或许可以掌控你的薪水、影响你选择工作，但却无法阻挡你在工作中去思考、去学习、去提高、去下定创造更多财富的决心。

美国娱乐传媒巨子萨默·莱德斯通说："实际上，钱从来都不是我的动力。我的动力是对我所做的事的热爱，我喜欢娱乐业，喜欢我的公司。我有一个愿望，要实现生活中最高的价值，尽可能地实现它。"

台湾著名企业家陈茂榜，获得了美国圣诺望大学颁发的名誉商学博士学位。而事实上，他只是小学毕业，只有小学生的文化水平。

陈茂榜15岁辍学，随后在一家书店当店员，他的成功之路从此时开始铺就。陈茂榜从早到晚要工作12个小时左右，下班后，他不是马上躺下休息，而是抱着书，不断地学习，书店成了他的书房。他在书店工作了八年，读了八年书。时至今日，他每天晚上都在不间断地自修，哪怕成为商界精英。

陈茂榜有着一流的演讲口才，而他的记忆力更是令人折服。举凡中国和世界各国的面积、人口、国民贸易额等，他都如数家珍。

李嘉诚在1981年被香港电台评为"风云人物"的时候,很谦虚地说那是"时势造英雄"。事隔17年,当再次被香港电台采访时,他坦白地说:"最初创业的时候,几乎百分之百不靠运气,是靠勤奋,靠辛苦,靠努力工作而赚钱。投入工作非常重要,你要对你的事业有兴趣,工作就一定做得好!对工作投入,才会有好成绩,人生才更有意义。"

齐瓦勃说:"我不光是在为老板打工,更不单纯为了赚钱,我是在为自己的梦想打工,为自己的远大前途打工,我要使自己工作所产生的价值,远远超过所得的薪水,只有这样我才能得到重用,才能获得机遇!"

你向一块面包努力,只能得到一块面包,想得到的更多,就必须做更多的付出,否则你无法看到薪水背后能够获得的成长机会,也无法在工作中获得技术和经验,只会无形中将自己困在装着薪水的信封里,永远不懂自己真正需要什么。

3. 人家做8个小时,我就做16个小时

爱迪生说:"天才是百分之一的灵感加百分之九十九的汗水。"伟大的事业是由汗水浇灌的,勤奋才能铸就成功。

一些人试图挖掘成功的秘诀,投机取巧或者耍耍小聪明,自然收获微小。"艰难困苦,玉汝于成",水滴石穿的典故揭示了"勤奋"可化腐朽为神奇的力量。

做生意需要掌握的东西还有很多,成功靠的不仅仅是智慧,不聪明不一定不是做生意的料子,须知勤能补拙。

李嘉诚随父亲来到香港后,进入了香港的一所中学念初中。然而那时,他坐在课堂里听课,仿若听天书。其他同学从小学起就开始学英语,李嘉诚深知自己的不足,心底泛出难言的自卑。父亲在了解他的情况后说:"在香港,想做大事,非得学会英语不可。"李嘉诚点点头,领会父亲的苦心。此后李嘉诚学英语,几乎到了走火入魔的地步。上学放学路上,他边走边背单词。夜深人静,李嘉诚怕影响家人的睡眠,独自跑到户外的路灯下读英语。天蒙蒙亮,他一骨碌爬起来,口中念念有词的,还是英语。

李嘉诚经过一年多刻苦努力,终于逾越了英语关,能够较熟练运用英语答题解题。就算他辍学,也坚持自学英语,这使其在日后的商战风云中,受益匪浅。

曾经有人问李嘉诚的成功秘诀,他讲述了一个故事:"在一次演讲会上,有人问69岁的日本'推销之神'原一平推销的秘诀,他当众脱掉鞋袜,将提问者请上讲台,说:'请你摸摸我的脚板。'提问者摸了摸,十分惊讶地说:'您脚底的老茧好厚啊!'原一平说:'因为我走的路比别人多,跑得比别人勤。'"

李嘉诚讲完故事后,微笑着说:"我没有资格让你来摸我的脚板,但可以告诉你,我脚底的老茧也很厚。"

李嘉诚曾说:"人家做8个小时,我就做16个小时。""千里之行,始于足下",创业后的李嘉诚依然不动声色地去实现他的抱负,仍是当初做"行街仔"的老作风,不认为自己有超出他人的智慧。

名满天下的志高空调创始人柴少青出生于农村,那时,他家境贫寒,自幼放过牛,种过菜,捡过一斤才卖几分钱的铜线和小橘子卖,卖过鸭蛋、鱼虾和自编的竹器,赚取微薄的钱补贴家用。

1982年，柴少青走街串巷地卖了一年的冰棍，没有像样的冰棍箱，他便用棉絮包、绳子扎起来放冰棍，一年下来也赚了上百块钱。

1983年，柴少青用赚来的第一笔钱，办了一个碎布厂，实际规模只是个小作坊，一开始只有他一个人支撑着这家小作坊。从纺织厂买来碎布，撕成纱，再卖给工厂擦机器用。采购、生产、推销全靠他一人完成。每天他骑着单车，跑遍以广州为中心的50公里范围寻找机会。

柴少青正是凭着这股不肯服输的拼搏精神与勤能补拙的智慧，卖冰棍，然后卖碎布，卖五金零件，开酒楼，卖空调，一步步走向成功。

爱因斯坦曾经说过，"在天才和勤奋之间，我毫不迟疑地选择勤奋，她几乎是世界上一切成就的催生婆"；高尔基有这么一句话，"天才出于勤奋"；卡莱尔更曾激励我们说，"天才就是无止境刻苦勤奋的能力"。

李嘉诚身为老板，同时又是操作工、技师、设计师、推销员、采购员、会计师、出纳员，在事业初创阶段，什么事都是他一脚踢。他从来没有抱怨过辛苦，总是勤勤勉勉地把每一件事都处理好。

李嘉诚在少年时代算过一次命，算命人说他天庭饱满，双目有神，生辰属龙命，保护星乃水星。然而，李嘉诚并没有相信什么龙命，却始终相信只要勤劳能干，坚持不懈，定有所成，并身体力行，在实践中躬行不辍，还常常以此来告诫儿子。

当李泽钜和李泽楷长到八九岁时，李嘉诚召开董事会，就让两个儿子坐在专门设置的小椅子上列席会议，从儿时便教育他们勤奋方是迈向成功的为人之道。

做生意不能畏惧困难与艰辛，每一个苦难的到来是对你人生的磨炼。智慧虽能减少艰辛，但不是唯一能解决苦难的途径，勤能补拙，真正能够与苦难相抗衡的是坚强的意志力，要小聪明、投机取巧只能获得一时的成功，持久的成功还需勤奋汗水的灌溉。

4. 运气只是一个小因素,个人的努力才是创造事业的最基本条件

一些生意人,最怕的是时运不济,他们认为,再好的生意若碰上运气不佳,也无法顺利完成。实际上,到嘴的肥肉不翼而飞,并非完全是运气作祟。想创业,做好买卖,需要个人的努力。运气再好,天上掉下的不明财物,想必会让你寝食难安。

运气只在成功中占了一些分量,"天道酬勤"并非虚妄。李嘉诚说:"我认为勤奋是个人成功的要素,一个人所获得的报酬和成果,与他所付出的努力有极大的关系。运气只是一个小因素,个人的努力才是创造事业的最基本条件。"

在李嘉诚14岁,还是穷小子的时候,目标很简单,赚取足够一家勉强度日的费用。他很清楚没有知识就无法改变命运,也知道当时的他没有本钱好高骛远。他也想飞得很高,脑海中常常记起他祖母的感叹:"阿诚,我们什么时候能像潮州城中某某人那么富有。"

李嘉诚可不想像希腊神话中伊卡洛斯(Icarus)一样,凭仗蜡做的翅膀翱翔而最终堕下。他一方面紧守角色,虽然只是小工,但他坚持将交托给自己的每件事都做得妥当出色,一方面绝不浪费时间,把任何剩下来的一分一毫都购买实用的旧书籍。他知道要成功,不能光靠运气,欠缺学问知识,程度与人相距甚远,运气来临的时候谁也不知道。

李嘉诚的一生都在得与失之间角逐。他认为,事业上谋求成功,没有什么绝对的公式,但如果依赖某些原则的话,能将成功的希望提高很多,成功是相对的,创业的过程,实际上就是用恒心和毅力坚持不懈发展的过程。

努力才是创造事业的基础条件，好运只是缩短了与成功之间的距离，辅力永远无法成为主导。李嘉诚是白手起家，靠着不懈的努力，赤手空拳打下了属于他的天下。一个商人要想成功没有捷径可走，奋斗一生才能收获一生。

有这样一句话："要造就一个成功的政治家，也许只需要数年的功夫；但要造就一个成功的商人，尤其是一个白手起家的商人，则需要用一生的时间。"

三星电子数码媒体及通信(DMC)部门社长崔志成一直认为"三分技能，七分运气"是无稽之谈。

崔社长于1977年进入三星，他的第一个任务便是在德国推销一万块64KD RAM芯片。到达德国后，他是一头雾水，无从下手，只找到一本当地的电话簿，凡是公司名称前带"电子"或者"PC"字样，他都会去拜访。为提升推销技巧，他购买了一本总页数达1000页的英文半导体书籍，背下大量有关半导体的理论和知识。

他经常从法兰克福奔往法国巴黎、意大利都灵，约见客户、洽谈业务，晚上开车回德国。在这样披星戴月的出差生活里，崔志成为了避免自己在驾车途中犯困，会故意饿着肚子。

崔志成曾笑着回忆，那真是段名副其实的"拼命的日子"。皇天不负苦心人，当年他一人销售了价值100万美元的半导体。第二年他的销售业绩达到了500万美元，第三年销售额达到2500万美元，第四年更是销售了1.25亿万美元，每年销售额递增的幅度高达500%。

做生意没有捷径可走，努力进取、奋发向上是致富的第一把钥匙。买卖就是做推销，如何把自己的产品销售出去，让顾客满意，并完成商品交易，有赖于出色的推销技巧。而做好推销工作，最终实现销售目标，离不开"努力"两个字。

李嘉诚的成功来自于"成功10%靠运气，90%靠勤奋"。"很多开始创业的年轻人，都为如何扮演好商人角色而苦恼。我要说的是，你只要思考一个问题就行了：怎么把产品卖出去？因为，一个好的商人，首先是一个称职的推销员。"李嘉诚如是说。

当同事们已经酣睡时，李嘉诚却在挑灯夜读，勤奋思考，不断地规划自己的人生。也正因为他的不懈努力，使他日后鹤立鸡群，耀眼夺目。

没有好的家庭背景，没有足够的资金与实力，没有好环境，不一定就与成功无缘，运气是促使成功的小因素，个人的努力才是创造事业的基本条件。命运掌握在自己手中，一个人所获得的报酬和努力是成正比的。

5. 当我们梦想更大成功的时候，要有更刻苦的准备

梦不会成为现实，想成功，必须付诸行动。我时常看到那些成功人士，西服革履，出入富丽堂皇的酒会宴厅，容光焕发，看似风光无限，其实在他们心底有着说不清、道不尽的苦难人生。

预支财富，等于博弈苦难。想奔着成功的道路走，就必须作好刻苦的准备，能在苦难来临之际不被击垮，保持镇定、奋勇而上。

李嘉诚曾说："一个人做得再成功，也仅仅是生存了下来。况且，那些成功都是过往的成绩，不代表你明天一觉醒来，生意还在。我唯一相信的是，未来之路还会崎岖不平，必须如临深渊、如履薄冰地面对明天。"

李嘉诚在其创业的道路上经历了太多波折和考验，这使得他对每一

次经商的困难有足够的心理准备。每一次准备扩展自己事业的时候,李嘉诚总是对各种苦难有充分的估计,时刻做着准备。

从李嘉诚的发家史可以看出,不管是收购九龙仓,还是并购和记黄埔,李嘉诚每次都干得干净利落。他的成功在于他懂得掌握时机,逢低吸纳,在最有利情况下达成交易。仅有梦想好比雾里看花,唯有作好刻苦奋斗的准备,方能在机遇到来之际紧紧抓住。

李嘉诚说:"在竞争激烈的世界中,你付出多一点,便可赢得多一点。好比在奥运会上参加短途赛,虽然是跑第一的那个赢了,但他比第二、第三的只胜出少许,只要快一点,便是赢。时间永远是最可宝贵的,如果在竞争中,你输了,那么你输在时间;反之,你赢了,也赢在时间。""人无远虑,必有近忧",商场如战场,竞争的攻势会越来越猛烈,因此,在梦想成功之前,你先要想清楚自己有可能遇到哪些磨难。

李嘉诚说:"我开会很快,45分钟。其实是要大家做功课,当你提出困难时,请你提出解决方法,然后告诉我哪一个解决方法最好。"

李嘉诚的手表总是拨快15分钟,每天早晨5:45分起床,听6点钟的早间新闻。不午休,倦了,就喝点咖啡。此外,李嘉诚从不在网上浪费时间,上网也就是查查最新的资讯及看看公司的有关资料。他具有敏锐的商业头脑,从来不墨守成规,不故步自封,经常保持着进取精神。他表面上看着轻轻松松,实则内心时刻思考着将要发生的危机。

一些人在创业之前,总幻想着前景如何美好,生意如何越做越大,财富如何源源不断,却不曾想自己会遇到何种困境,只是认为成功必定水到渠成,只要有好的规划,一切不成问题。这成为很多创业者很快失败的原因。

一位美国作家总结那些企业巨人所共有的特性时说："他们独具慧眼，能在别人没有察觉的情况下看到挑战的机会。有些企业家反应迅速，能在瞬息万变的环境中发现机会；有些企业家则干脆自己去主动创造机会。无论是谁，他们都能不顾一切地坚持新的想法，然后不屈不挠地克服困难，不顾一切地去生产新的产品、提供新的服务。他们冒着风险，可是他们常常可以找到创造性的方法来化险为夷。"

一个人在没有任何后备支援的情况下闯天下，遇挫折、遭苦难是肯定的，没有任何一位成功者，随便做个小生意就能平步青云，位列财富排行榜。想与现实永远是两回事，当你憧憬着美好事业的前景时，必须同时想到苦难。

前IBM总裁Gerstner先生曾说："长期的成功只是在我们时时心怀恐惧时才可能。不要骄傲地回首让我们取得以往成功的战略，而是要明察什么将导致我们未来的没落。这样我们才能集中精力于未来的挑战，让我们保持虚心、学习的饥饿及足够的灵活。"

6. 双脚踏到实地，才能跳得高远

做生意，随时随地会遇到新的矛盾、挑战或者挫折。偷奸耍滑、投机取巧能获得暂时性的胜利，却无法获得长久的成功。

香港长江实业集团主席李嘉诚在汕头大学举行的毕业典礼上致辞时表示，要"比成功更成功"，就不能只追求财富和权力，而是要成为脚踏实地的做梦者，既有理想、又有爱心，活出自己的价值。

李嘉诚的成功经验足以向我们诠释这样一个答案：幸运之手不在上

帝,而在自己手上,那些脚踏实地的人才是自己的主人,是自己财富人生的主人。

李嘉诚记得父亲多次讲述过的《伤仲永》。他不想跟故事里的仲永一样,在安逸的环境中磨掉自己的斗志。他不认为自己很聪明,所以更要加倍勤勉,每天把自己的时间安排得紧紧的。

每天一大清早,李嘉诚就外出推销或采购。他从不打的,距离远就乘公共巴士,路途近就双脚行走。

中午时,李嘉诚会匆匆地赶回工厂,先检查工人上午的工作,然后跟工人一起吃简单的工作餐。没有餐桌,李嘉诚和大家一样蹲在地上吃。

李嘉诚招聘的第一批工人,全是门外汉,唯一懂行的塑胶师傅就是他本人。机器安装、调试,直到出产品,都是李嘉诚带领工人一同完成的。在用人方面,李嘉诚深知此时需要的是脚踏实地、以工厂前途为己任的人才,于是盛颂声、周千和成了李嘉诚的首选,跟着李嘉诚创下了长实的业绩。

想要成功,你所能依靠以及依赖的只能是你自己,一步一个脚印走得沉稳扎实,才能将事业的根基扎得稳、固得牢。没有踏踏实实、精密的作业,没有雄厚的精神储备能源,便无法应对商场上残酷的竞争与困境。

兢兢业业、踏实沉稳是商人必备的成功因素。有记者在采访李嘉诚时问道:"您的企业在选拔、使用年轻人的时候,掌握什么样的标准?什么样的人您喜欢用?什么样的人您不敢用?"

李嘉诚语重心长地回答:"不脚踏实地的人,是一定要当心的。我看人并不保守,但我认为,一个根基不好的人,不脚踏实地,信用就有问题,你无论有何才能,都是第二位的。"

阿里巴巴首席执行官马云曾经有过一番精辟的论断:"所有的MBA

进入我们公司以后,都要先从销售做起,如果六个月之后还能留下来,我们团队就欢迎你。因为,我想给他们多点时间进行历练,沉得低才能跳得高。"

如果人生有跳板,估计谁都想一跃而上,但那样的成功真的让你感到踏实与心安吗?

李嘉诚当总经理时,塑胶公司的产销已步入正轨,而他自己却是白手起家,完全从零做起。

尽管平时很忙碌,李嘉诚依然不忘业余自学。他心中一直存有危机感:塑胶业的发展日新月异,新原料、新设备、新制品、新款式源源不断地被开发出来,如果不尽快补充新知识,公司将会被时代所抛弃。

李嘉诚既要忙厂里的事务,又要抽时间学习新知识。为节省时间,他吃在厂里,住在厂里。待到厂子规模稍大一点之后,他在新蒲岗租了一幢破旧的小楼,那里既是长江厂的写字间,又是成品仓库,还是他的栖身之处。那时的李嘉诚,心里只有厂子。

李嘉诚如此作为,不仅节省了许多不必要的开支,也使他对全厂每一个环节的情况都了如指掌,使管理到位且细致。老板这般拼命,全厂员工也是干劲十足。样品生产出来后,李嘉诚亲自出马做推销,随着第一批产品顺利地销出去,一批又一批订单纷至沓来。

李嘉诚谱写了一个青年奋斗成功的典型励志故事:一个赤手空拳的年轻小伙子,凭着一股干劲和勤俭好学、吃苦耐劳的精神,脚踏实地、全力以赴,创立了自己的事业基础。

马云曾在一次讲座中说:"如果你不去把这事情变成现实,那么什么都是浮云。如果你愿意从今天开始改变自己,一点一滴去做,那就不是浮云。我有时候很浪漫,想很多事,但我会问自己,愿不愿意现在立刻马上去干？如果我愿意，它就会变成真的东西。什么是伟大的事？伟大的事就是无数次平凡、重复、单调、枯燥地做同一件事。"

脚踏实地地工作才能一步一个脚印地积累下宝贵的知识、技能、经验，才能为即将开始的事业攒下足够的能力，创造更大的成功。

"不积跬步，无以至千里；不积小流，无以成江海"，成功从来都不是一蹴而就的，成功是一个不断积累的过程。创业需要的是脚踏实地的精神，量力而行，勤勤恳恳，从最初的开始，以身作则。只有在现有工作岗位上踏踏实实地去做，不断地去解决问题，你才能不断提高自己的承受能力和工作能力，从而迎来更加美好的职业前景。

7. 没有大学文凭，白手起家而终成大业的人不计其数

想创业、想成功、想获得更多的财富，要去大胆尝试，没学历、没文凭，并不能阻挠一个奋发图强，一心一意要成功的人。每一位创业者都应该清楚，世界亿万富豪排行榜上白手起家的人不计其数，而其中，创业之初没文化之人更是数不胜数。

李嘉诚说："我们的社会中没有大学文凭，白手起家而终成大业的人不计其数，其中的优秀企业家群体更是引人注目。他们通过自己的活动为社会作贡献，社会也回报他们以崇高荣誉和巨额财富。"

李嘉诚的父亲因劳累过度不幸染上肺病，不久便与世长辞，14岁的李嘉诚不得不辍学，用他的肩膀，毅然挑起赡养慈母、抚育弟妹的重担。

他先在舅父庄静庵的中南钟表公司当泡茶扫地的小学徒，一干就是

三年。之后，17岁的李嘉诚在一家五金制造厂以及塑胶带制造公司当推销员。最初，李嘉诚向客户推销产品之前，总是十分紧张。于是他就在出门前或者路上把要说的话想好，反复练习，从而成功地克服了紧张的心理。由于出色的推销成绩，李嘉诚18岁就做了部门经理，两年后又被提升为这家塑胶带制造公司的总经理

太平洋战争爆发后，香港英军向日军投降，港币不断贬值，物价飞涨，李家生活愈加困难。倔强的李嘉诚拒绝了舅舅的资助仍然打工挣钱。

1950年，年仅22岁的李嘉诚在筲箕湾创办长江塑胶厂。办厂初期，曾经出过质量事故，李嘉诚再一次体会到世态炎凉。但他依旧没有放弃，1955年，长江塑胶厂终于出现了转机，产销渐入佳境。

出身寒门没有进过高等学府的李嘉诚通过半个世纪的不懈努力和奋斗，从一个普通人成为商界名人并取得了令人瞩目的成就。

塑胶花为李嘉诚带来数千万港元的盈利，长江厂成为世界最大的塑胶花生产厂家，李嘉诚塑胶花大王的美名，让世界的塑胶同行侧目。

据2008年3月《福布斯》杂志的统计，李嘉诚的总资产值高达265亿美元，折合2000亿港元。

李嘉诚的成功告诉我们：文凭不是最重要的，能力才是决定一个人的最重要因素。从无到有，一步步发展起来，与李嘉诚有异曲同工经历之人有很多。他们给自己设定赚钱的大目标，有长远的规划，能把握行业发展趋势，慢慢积累资本，一旦时机成熟就自己单干，逐步缔造一个商业帝国，实现人生价值。

只有初中文化的茅侃侃14岁开始在《大众软件》等杂志发表数篇文章，并自行设计开发软件。在经过六份工作的摸爬滚打后，2004年正式创业，时任时代美兆数字科技有限公司首席架构师兼首席运营官。茅侃

侃曾说："我不在乎别人说我的学历低，我认为这也是件值得骄傲的事情。我具备的能力、勇气、发散性思维、观察力和毅力，这些更重要。"

茅侃侃的办公室是全公司唯一光线昏暗的地方，习惯终日开着台灯，通宵达旦的工作方式让他只有在黑暗中才能静下心来。

作为管理者，茅侃侃对人员的选择有自己的标准。"第一要聊得来，第二要尽职尽责，第三要说得少做得多，当然说得多做得多更好，如果光说不练就byebye，我不需要军师。"对学历、工作背景、社会资源这些东西，他并不关心。

文凭只是你接受教育的凭证，并不能代表你的能力。工作中需要的是能力而不是文凭，拥有再高的学历，没有工作能力也是没有用处的。

在今天的商业社会里，涌现出了一大批令世人瞩目的商业奇才。他们没有什么文凭，甚至连小学都没有毕业，但是他们凭借顽强的意志和不懈的努力，从最底层的打工仔做起，一步步地发展起来，成就辉煌的事业。

"钢铁大王"安德鲁·卡内基13岁参加工作；"美国出版大王"爱德华·波克只上过六年小学；比尔·盖茨大学未毕业，当他的朋友科莱特读完了博士后，他已经成为世界第二富。

拿破仑说过一句话："不想当将军的士兵不是好士兵。"许多人并非生来含着金钥匙，而是先做打工仔。纵使天纵奇才，也不可能一口吃成胖子，即使被称为天才神童的比尔·盖茨，也并非一步登天。

与财大气粗的竞争对手相比，白手起家者需要付出更多的努力，想要成功，就必须做好吃苦耐劳，坚持不懈的准备，市场是用抢来而非等来的，白手起家者一般都事必躬亲。只要不断努力，只要不断学习，不管你学历高低，成功都不会只是遥不可及的梦。

8. 第一能吃苦，第二会吃苦

"不经一番寒彻骨，怎得梅花扑鼻香"。刘墉曾说过："年轻人要过一段'潜水艇'似的生活，先短暂隐形，寻找目标，耐住寂寞，积蓄能量，日后方能毫无畏惧，成功地'浮出水面'。"这就是说要成功必须经历苦难。

但吃苦，并非是让你固执己见地埋头苦干，现今是经济社会，市场竞争越来越激烈，有的人吃尽了苦头，却不一定收获甜果子。吃苦是一种能力，也是一种过程，但不是最终的目的，选择做生意，是为了创造更多的财富。

李嘉诚曾说："男子汉第一是能吃苦，第二是会吃苦。"如此才能达到吃苦的真正目的，苦尽甘来。

李嘉诚能够从一个街头推销员成长为今天举足轻重的商业领袖，绝不仅仅因为能吃苦那么简单。从14岁开始肩负起家庭的开支一直到成为今后的商业巨头，他经历了无数的人生苦难与挫折。

然而，富甲一方后，李嘉诚也不忘记吃苦。他穿的是普通的黑色西服、皮鞋，坐的是普通的轿车，吃得也很清淡，一碟青菜、几条小鱼就算美味佳肴了。

李嘉诚在教育子女时，通常会讲述自己的人生经历，这并不是向孩子们诉苦，也非炫耀，而是让他们知道是要通过怎样的努力，才能过上今天的幸福生活，让他们懂得，在今后的人生路上，他们应该做些什么。

做生意是一个不断历练与成长的过程，如果换一种角度，我们不难发现,能吃苦并且会吃苦的人,会不断为自己创造商机,在苦难中摸索出一套赚钱的路子,不断创新,不断累积财富。

李时珍历时四十年的辛苦著述,才著述了医学圣经《本草纲目》;诺贝尔多次死里逃生,废寝忘食数年,终于成功研制出TNT炸药;爱迪生失败了10000多次,终于发明了电灯泡……他们在拼搏过程中吃了太多苦,但他们更懂得,既然无法摆脱苦难,不如在苦难中找到人生的曙光。命运因此垂青于他们,给他们以苦难的甜食。

孟乔因家道贫穷14岁便辍学就业。一开始她在镇上的农贸市场卖茶水。来市场消费的人虽多,但这里的竞争却很大,再加之她个头小,摊子小,很容易被偌大的市场掩盖住,因此一天下来,卖不了几杯茶水。但她并没有因此苦恼,她想出一个很好的办法:把杯子换成比别人大一点的,还给杯子加了盖,客人想喝茶时,她给免费添加,客人喝完茶后,便认真清洗杯子。久而久之,光顾她生意的人越来越多。

随着人们经济收入的增加,很少有人再喝便宜的茶水。孟乔干脆到益阳城里卖保健茶,开始生意不好,孟乔波便将茶碗换成大腕,只卖五元钱。同时,她还精心研制不同风味的保健茶,几年以后,孟乔又在长沙开了茶庄。她在店旁设了一个卫生间,供路人免费使用。大部分人借用过厕所后,会到店里喝上一杯茶,或者出门时买点茶叶。而现在,孟乔的茶庄已遍布全国四十多家。

创业要经历苦难,但只知埋头苦干,不可能做得大事业,劳苦不一定功高,而会吃苦的人,苦难会是他们创造财富的捷径。正如作家奥斯特洛夫斯基所说:"人的生命似洪水在奔流,不遇岛屿与暗礁难以激起美丽的浪花。"

李嘉诚是一个能吃苦的人,更是一个会吃苦的人,两者的结合使他在商场里如鱼得水。在几十年的商场生涯中，他从来都不是一味地猛冲猛打，而是会巧妙地躲避危险，适时投资，最终赢得胜利。

　　李嘉诚做的每一件事，每一次努力都是为他以后的自主创业在作准备，因此吃苦要有收获。你要想成就事业，首先要弄清楚自己想干什么，将精力花在有用的事情上，有思想，也要有行动，朝着既定的目标前进，才更容易获得成功。

第二课

信誉：用诚信奠定企业不败之基

　　良好的商业信誉，是一个目光长远的商人所应当具备的最基本的品行和能力。李嘉诚说："人的一生最重要的是守信，我现在就算有十倍多的资金，也不足以应付那么多的生意，而且很多是别人来找我的，这些都是为人守信的结果。"

1. 做生意无信不立，要立事先立信

　　除物质资源以外，"信"便是做生意的先决资本。《论语》中孔子说，"人无信不立"、"人而无信，不知其可也"。儒家常讲正心，修身，方可齐家、治国、平天下，在商业领域中，买卖的开始便是买卖的信誉，要想打开市场，首先要建立起你的诚信。

李嘉诚说:"人的一生最重要的是守信,我现在就算有十倍多的资金,也不足以应付那么多的生意,而且很多是别人来找我的,这些都是为人守信的结果。"

李嘉诚创办塑胶厂时,资金有限,设备不足,严重地阻碍生产规模的扩大。而这时,一位欧洲的批发商有意与李嘉诚合作。这位批发商了解李嘉诚的境况后,便应承如果他有实力雄厚的公司或个人担保就答应合作。

经过一番尝试,李嘉诚并没有找到担保人。第二日,李嘉诚拿出9款样品,默默地放在批发商面前。批发商原本只有订购3种产品的意向,但李嘉诚拿出9款样品供他参考。

在谈生意之始,李嘉诚直率地告诉批发商:"承蒙您对本公司样品的厚爱,我和我的设计师,花费的精力和时间总算没有白费。我是非常非常希望能与先生做生意。可实在找不到殷实的厂商为我担保,十分抱歉。"

批发商并没发言,李嘉诚继续诚恳地请客户相信他以及身后企业的信誉。李嘉诚的诚恳执着,深深打动了批发商,让其答应与他长期合作,并找到一位很好的担保人。对此李嘉诚深感疑惑,批发商微笑道:"这个担保人就是你,你的真诚和信用,就是最好的担保。"

诚实守信是企业生存的根本,创业的开始意味着一个良好信誉的开始,信誉等于财路。做生意,除了保证产品的质量,更要保证企业的信誉。

海南京润珍珠有限公司董事长周树立认为:人无信不立,国无信不强,业无信不兴。在中华传统文化中,诚信一直作为为人处世的重要准则而备受推崇。在现代经济条件下,诚信尤其显得重要,它不仅是一种道德风尚,更是一种重要的资源和无形资产,良好的信用是市场经济体系的基石。

李嘉诚决定把他所持有的香港电灯集团公司股份的10%在伦敦以私人方式出售。但在计划进行的过程中,传来港灯即将宣布获得丰厚利润的消息。李嘉诚的得力助手马世民马上建议他暂缓出售,以便卖个好价钱,但李嘉诚却坚持按照原定计划进行,他说:"还是留些好处给买家吧!将来再有配售时将会较为顺利。而且,赚多一点钱并非难事,但要保持良好的信誉才是至关重要和不容易的。"

"良心丧于困地",李嘉诚无论处在逆境还是顺境一贯秉承信字当头。他在1998年接受香港电台访问时说道:"在处于逆境的时候,你要自己问自己是否有足够的条件克服。当我自己处于逆境的时候,我认为我有足够的条件!因为我有毅力,始终坚持以一颗诚心待人,肯建立一个信誉。"

冯玉祥说:"对人以诚信,人不欺我;对事以诚信,事无不成。"马云发誓要建立"一家全世界信任的公司","将人放在利润之前"。他也确实做到了尽善尽美:在阿里巴巴的六大价值观中,第一条是"诚信";全球影响力最大的财经杂志《福布斯》采访马云时的标题是《为企业诚信而战的人》;阿里巴巴平台上最能卖钱的产品,叫"诚信通"……

"一个公司建立了良好的信誉,成功和利润便会自然而来。我们做了这么多年生意,可以说其中有70%的机会是人家先找我的。"李嘉诚认为,无论在香港还是其他地方做生意,信用最重要。一时的损失将来还可以赚回来,但损失了信誉就什么事情也不能做了。

企业开创之初,若对消费者或者客户不守信誉,相当于自掘坟墓,创业者必须清楚"信用是交易的基础"。老子认为,事物得到同一,便有了顺利与祥和;事物失去同一,也就失去了和平与安宁。这放在经商之中就是说:厚道做人、表里如一、讲求信誉,才能广结善缘,赢得合作伙伴和顾客的信赖。

2. 常常记着名誉是你的最大资产,对事业非常有帮助

"不想当将军的士兵,不是好士兵",好士兵需要功勋卓著,而要当一个买卖兴隆的好商人,就要靠名誉来提升你的人气。好名誉是做人之根本,是发展成功事业的最大资产,它对事业有着非比寻常的帮助,能创造的"福利"远超于对一个好项目的开发。

伯克说:"对名誉的欲望,是一切伟大心灵的本能。"李嘉诚向来视名誉如生命,他常讲:"名誉是我的第二生命,有时候比第一生命还重要。"李嘉诚一生经商,因其良好的名誉和稳健的作风,成为国际著名公司的合作对象。他从不会看重短期暴利,而是试图与客户建立长期的互惠关系。

1990年,李嘉诚的夫人庄月明女士去世。刚刚60出头的李嘉诚,仍然精神矍铄,身体健康,拥有万贯家财,但是私生活却始终很检点,从不放纵自己。与其他绯闻缠身的富商不同,李嘉诚对妻子忠贞不渝,因此从没有人敢向他提及续娶之事。

有一次,香港资深女记者林燕妮赴华人行的长江总部,与李嘉诚商谈广告事宜。奇怪的是,一坐下来,他开腔的并非谈公事,而是澄清传媒对他的绯闻传言。李嘉诚解释说:"我跟某某港姐绝对没关系,亦不认识,外边乱讲。地产商不止一个姓李的,传媒也没有说是'长江'的李姓地产商,更没描绘该李姓地产商高高的额头,戴眼镜,平时好穿黑色西装,说话带潮州口音。"林燕妮事后说:"我们是做广告的,绯闻我们不关心,但他显然十分介意。"

李嘉诚严格要求并约束自己:并非所有赚钱的生意都做。一个有使

命感的企业家,在捍卫公司利益的同时,更应重视以正直的途径谋取良好的成就,正直赚钱是最好。在他看来,做生意跟做人一样,必须要坚守一定的原则。

香港人将李嘉诚称作"超人",但他至今并不认同,总是强调自己只是一个普通人。当时的香港虽为英国人统治,但实属华人社会,君子作风符合中国人传统的审美观,因此,假若行为不慎或者不检,都会破坏这一形象,从而带来商业上的损失。

李嘉诚非常热心慈善事业,但曾捐献22亿港元给香港和内地却不被人言信。李嘉诚专职负责捐赠事宜的私人秘书梁茜琪深有感触地说:"李先生不是那种捐出100万、200万,只要有自己的名字就可以的人,他是真心实意去解决这些问题。"潮汕人说,李嘉诚所捐赠修建的各种建筑物,均拒绝以他本人和亲人的名字命名。

马云说:"我认为做事情最重要的一点就是必须要讲诚信。如果你不讲诚信,你的企业不可能走远,很多企业因为讲诚信而得到了好处。"

在创业的第五年,李嘉诚准备运一批塑胶玩具给一外国客户,但对方在最后一刻突然要求取消订单。当时李嘉诚并没有向对方要求索赔,他很真诚地向对方表示,这次生意不成,以后还有机会。那次事件过去不久,突然有个美国客户登门拜访,订购了很多塑胶产品,原来这位客户认识之前要求退货之人,是退货之人介绍他前来找李嘉诚的,并赞扬李嘉诚的公司不仅很有规模,而且信誉很好。

英国哲学家莎尼兰尔说:"名誉是你的一封最有效的自荐信,你一生的前途都得依赖着它。"

古人云:"士清其心源,而后可以修身而致用。"孟子云:"君子之守,修其身而天下平。"事业成功离不开良好的名誉,好名誉是事业成功的最重要资本。

有人说："一个人的名誉，就像他的实质财产，是他的所有。名誉比财产更重要，它是平安和完全的守护神，苦海中的救生筏，从天堂掉下来时的降落伞，陷入流沙赖以救命的木板。"

香港珠宝大王兼房地产大王郑裕彤说他的成功秘诀是"守信用，重诺言，做事勤恳，处事谨慎，饮水思源，不见利忘义"。创业者，需维护并重视名誉，因为它是赢取信赖与支持的名片，对事业发展有很大的好处。名誉越高的人越要坚守做人的基本准则和工作的职业道德。

当然，事业有成的人也别忽视名誉的威力，成功者更容易受到各方面的攻击。洁身自好，才不会被人抓住把柄。维护自己的公众形象，扩大自己的影响力，你的生意自然越来越好。

3. 信誉要实实在在，不要夸夸其谈

商道即人道，创业者能否一步步获取成功，取决于其为人处世是否讲求一定的原则。对于创业者而言，诚信做人、坦荡做事，是走向成功的通行证。信誉必须讲求脚踏实地。

对于商人来说，信用是非常重要的。美国成功学大师奥里森·马登说："任何人都应该拥有自己良好的信誉，使人们愿意与你深交，都愿意来帮助你。"俗话说："诚信走遍天下。"但信必须建立在事物上，一味夸夸其谈你的诚信，不足取信于人，更无法获得消费者的青睐。

李嘉诚成功秘诀的核心只有一个字：诚。正如他所说："我绝不同意为了成功而不择手段，如果这样，即使侥幸略有所得，也必不能长久。"

1977年6月，李嘉诚购入大坑虎豹别墅的部分地皮，总计约有1.4万平方米。与其说是豪华的别墅区，虎豹别墅更像是一个规模宏伟、饶有特色的公园。这里有巍然屹立的白塔，红墙碧瓦的亭台楼阁，雕梁画栋，还有各种传说中的人物泥塑及山洞、假山、展览馆等，集游乐、休闲、购物为一体。正因为这些，它成为了一处较为著名的旅游胜地。

李嘉诚购得此地皮后，在上面兴建了一座大厦。然而，李嘉诚却收到消息说游客们对此多有不满，指责大厦与整个别墅风格不统一，丧失了原有的人文景观。李嘉诚立即下令停止大兴土木，尽量保留别墅花园原貌。李嘉诚意识到，一意孤行、不顾及大众舆论，会降低自己的名誉，损害自身以及企业的良好信誉。

李嘉诚在谈自己的成功之道时曾感慨道："生意人最紧要的是讲信誉、守信用，一个人不讲信誉、不守信用，谁还愿意和他做生意呢？"

一些商家，想尽办法投机取巧，为赚取大笔资金，不惜弄虚作假，蒙骗顾客的眼睛，哄骗顾客的耳朵，制造假新闻、假清单，大肆宣扬公司诚实守信、夸赞产品质量、承诺售后服务，然而事实大大相反，致使顾客不得不提高警惕。现在电视上的广告再精彩，人们始终都带着疑虑与警惕将其尽量忽略。

柴少青曾说："诚信是做出来的，人们不是看你怎么说，而是看你怎么做。越是在困境下、在危机中越能检验一个企业的诚信度。"

马云创立"中国黄页"时曾四次被骗，但他不骗别人，也不容许阿里巴巴的员工欺骗客户。

在阿里巴巴，所有人员不能作假、不能作弊、不能欺骗客户、不能夸大服务、不能给客户回扣、不能为客户垫款……

做生意就要与人合作，合作必须建立在互相信任的基础上。你必须给别人一个信任你的理由，别人才会放心与你合作。这个理由可能是你的经济实力，也可能是你出色的口才，但是最重要的还是信用。如果你是一个从来都不失信于人的人，无论是在事业还是人脉上都将积累下雄厚的资本。

在李嘉诚看来，一个人只要一次失去了信用，也就永远失去了他人的信任。他曾经说："一个人一旦失信于人一次，别人下次再也不愿意和他交往或发生贸易往来了。别人宁愿去找信用可靠的人，也不愿意再找他，因为他的不守信用可能会生出许多麻烦来。"

在商业社会，人与人之间每时每刻都进行着交易。大到数百亿的贸易、小到几块钱的买卖，每个人都充当着消费者的角色，希望收获诚信。信誉是一个公司的无形资产，它虽不能令人直接获利，但其对经商行为和经营利润的影响却是巨大的。真正聪明有远见的商人，会竭力维护自己的商誉，他们所追求的是稳定的顾客和长久的利益。

香港洋参丸大王庄永竞说："做事情一定要讲信用。言而无信不知其可也。这就等于自己砸自己的招牌。"

高尚的名誉不属于刻意追求它的人。企图靠吹嘘获得名誉或用假象骗取名誉的人，纵使得逞于一时，但其恶名将长久地留存。诚实守信、脚踏实地、从不宣扬、淡泊名利的人，会成为万众瞩目的楷模。

如果一个人想使自己的信用"破产"那是再简单不过的事情了。即使你一直有诚实守信的历史，但只要你开始变得糊涂，不再把事情放在心上，耍小聪明、糊弄他人，过不了多久，便会成为众矢之的。

失去信用的危害是巨大的，同样，拥有信用的好处也是巨大的。守信是成功的关键之一，当你拥有了守信这顶荣誉之帽时，你的生活、事业乃至人生都将走向成功！

4. 信誉是靠平时的点滴积累而成的

有人说"信誉的价格远比金钱珍贵",一家生意红火的企业,必定是在创业初便具备良好的信用。

李嘉诚曾说:"信誉、诚实,也是生命,有时比自己的生命还重要。"企业想要持久地抓住合作伙伴,只有通过不断积累信誉,获得回头客。不注重自身信誉,欺骗顾客,是在关闭企业利润来源的大门,搬起石头砸自己的脚。

凡是精明的商人必懂得更多的人情世故。天下最大的网是人网,夸一个人,这话就会传播到第二个人耳中,此后一传十、十传百,财富就像滚雪球一样,越滚越雄厚。

成功需要积累经验,而信誉需要时时刻刻的积累,来不得半点掺假。水滴石穿,需要坚持不懈,累积信誉就是累积财富。

1979年的一天,李嘉诚在记者招待会上宣布:"在不影响长江实业原有业务的基础上,长江实业将以每股7.1元的价格,购买汇丰银行手中持有的9000万普通股的老牌英资财团和记黄埔有限公司股权。"

汇丰银行不仅应允了李嘉诚,使销售价格只有市价的一半,并且同意李嘉诚暂付20%的现金。汇丰银行此举引起业界之人的猜测。

后来,汇丰银行给出了解释:"长江实业近年来成绩良佳,声誉又好,而和黄的业务脱离1975年的困境踏上轨道后,现在已有一定的成就。汇丰在此时出售和黄股份是顺理成章的。汇丰银行出售其在和黄的股份,将有利于和黄股东的长远利益。坚信长江实业将会为和黄未来发展作出极其宝贵的贡献。"

　　良好的信誉会给一个商人赢得不可估量的财富。李嘉诚之所以能够事事取得成功，除了个人实力，还因为其一直以来累积的良好信誉。虽说商场无人情可言，残酷如战场，但李嘉诚的亲身经历告诉我们：一个注重信誉，并且时刻维护个人信誉的人能得到很多的帮助。

　　李嘉诚不会为了权势与富贵而得意忘形，在购买和黄股权之后，他凭借自己长久以来的诚信赢得众人的赞许，被选为和记黄埔有限公司董事局主席，成为香港第一位入主英资洋行的华人大班，和黄集团也正式成为长江集团旗下的子公司。

　　创业免不了担风险，有时我们会因为资金周转困难或者生产出现偏差，造成一些无法避免的危机。在危难之时，只要信誉在，你就能在较短的时间内筹集到各种有利资源，转危为安。

　　但这对于一个信誉败坏之人来讲，可以说是寸步难行，他不仅向银行贷款时找不到担保，就连朋友亲戚也会远远躲避他，以致面临破产的厄运。

　　李嘉诚曾说："不论在香港，还是在其他地方做生意，信用都是最重要的。一时的损失将来还可以赚回来，但损失了信誉就什么事情也不能做了。"李嘉诚之所以在商场上如鱼得水、以弱制强，靠的就是多年积累的良好信誉。因此，建立良好的信誉是成功商人必备的基本条件。

　　发财致富看销路，企业要办得如日中天，就要担负起"责任"二字。我们平时不可忽视信誉的积累，对自己做的每一个承诺，说的每一句话，都要谨记心中，并且一定要做到。信誉是打开市场、留住市场的常胜将军。

　　现今，一些人做生意时认为，只要能成交就算胜利，而在李嘉诚看来，把东西卖出去只能说是暂时的"胜利"，真正的胜利必须是客户在使用过程中感受到产品的优质质量、体会到完善的售后服务，并加以赞许。

企业想要做得好,谋求好发展,就必须懂得顾客买的不是东西是信誉。顾客购物的欲望除了因为对商品好奇,更是因为希望物美价廉、物有所值。一旦顾客的购物欲望被满足,并且对该商品赞不绝口,会产生再次购物的欲望,这就意味着你获得了一个稳定的客户群体。

创业做生意是一个连续的活动过程,有起点但决不能让它有终点。一次交易成功预示着下次交易的开始。维护好的信誉,让顾客满意,并不断积累、长期坚持下去,生意才会越做越火,才会越做越兴旺。要记住,一次性买卖做不得,信誉是得到客户信任的唯一保证,也是一个商人从市场中换取利润的唯一"名片"。

5. 一经承诺,便要负责到底

注重承诺、诚实守信,是企业不断扩大规模的资本。生意人每对消费者做出一项承诺,便是赌上了整个企业的名誉。一些小商小贩认为承诺能否兑现无伤大雅,东西卖出去就是关键性的胜利,这是一次性买卖。对于一个企业来讲,不守诚信,只做一次性买卖,会将生意做断、做绝,使企业无法在商界立足。

李嘉诚常告诫他的两个孩子:"如果要取得别人的信任,你就必须做到重承诺,在作出每一个承诺之前,必须经过详细的审查和考虑。一经承诺之后,便要负责到底,即使中途有困难,也要坚守诺言。"

李嘉诚用了短短的几十年的时间,由一个一无所有的茶楼伙计变成了拥有数百亿美元的一代巨商。他成功蜕变成为商界的传奇。但是他曾经戏言自己不是经商的料,因为他觉得自己不会骗人,不符合中国人所说的无商不奸的标准。

李嘉诚刚刚开始创业时，经常会经过香港的皇后大道。在那条路上，他几乎每天都能看到一个外省的行乞妇人。这个妇人从来没有向他要过钱，但是他每一次都会给她钱。过了一段时间，李嘉诚觉得这个妇人应该有一份正当的职业，而不应该每天乞讨。于是，他就询问了她会不会卖报纸，她说有同乡干这行，于是李嘉诚约好了日期让她带同乡来见他。

不巧的是，那一天刚好有一个顾客要来参观他的工厂，李嘉诚必须接待。这可怎么办？信守诺言是做人的根本，他深知这一点。于是在与客户交谈的过程中，李嘉诚突然说："Excuse me！"便匆忙离开了。大家都以为他去了洗手间。事实上，李嘉诚跑出工厂，驾车奔向约定地点。途中，违反交通规则的事他差不多全做了，但好在没有违约。见到那个乞丐后，他把钱交给了她，并要求她答应一件事，就是要努力工作，不要再让他看见她在香港任何地方伸手向人要钱。

办完这件事，李嘉诚又匆匆地赶回工厂，顾客正在焦急地等着他，见他回来说："为什么洗手间里找不到你？"他笑一笑，这事就过去了。

无论处于困境还是逆境，你都不能透支自己的信用。只有守住信用，才能赢得别人的信赖、获得别人的支持，生意才能越做越好。

想取得别人的信任，你就必须作出承诺，一经承诺，便要负责到底。这对于一个商人是至关重要的一环。一个人一旦没有了信用，交易也就随之消失了，有句话说得好："要想找回失去的信用，需要七代人的努力。"这就意味着信用一旦失去，再想找回来几乎是不可能的。

对别人许下承诺，别人会自然而然依靠于你，可一旦发现你开的是"空头支票"，说话不算数，就会对你产生强烈的反感。

1973年，王永庆的台塑公司为扩建厂房，向社会承诺增资股将以每股244元的价格出售，股东们踊跃投资。然而这一年却爆发了石油危机。台湾的石油业也受到了巨大冲击，股价大跌。股东们议论纷纷，希望台塑能够补足承销价与市场价之间的差额。而王永庆表示如果6月30日的收盘价格超不过244元，台塑将以这一天的收盘价为标准，补足差价。结果，6月30日的收盘价只有每股202元。王永庆一诺千金，每股退给股东42元，这使得台塑损失了4000万元。

有人说王永庆是傻子，但王永庆说："做生意，不能光盯着钱看，应该把眼光放远些。台塑损失了4000万元，但换来的是千金难买的信誉。"

果然，股东们相信，不论股市行情如何变化，在台塑投资绝对不会有错。后来，台塑由石化工业转向电子工业，虽然风险很大，但股东们继续支持王永庆，因为王永庆承诺了股东们将会获得更多的红利收入。

李嘉诚认为，做生意，说一句算一句，答应人家的事，不能反悔，不然叫人家看不起，以后就吃不开了。

他说："我生平最高兴的，就是我答应帮助人家去做事，自己不仅是完成了，而且比他们要求的做得更好，当完成这些信诺时，那种兴奋的感觉，是难以形容的。"允诺他人之事能很负责任地顺利完成，会使你在得到一份信任与友谊的同时，大大满足了内心的成就感，而在事业上，信守承诺会为前路填平一个又一个坑。

对于守信和成功的关系，李嘉诚做了这样一个精辟的论述："一个企业的开始意味着一个良好信誉的开始，有了信誉，自然就会有财路，这是经商中必须具备的商业道德。就像做人一样，要忠诚、有义气。对自己说出的每一句话、作出的每一个承诺，一定要牢牢记在心里，并且一定要做到。当你建立了良好的信誉后，成功、利润便会随之而来。"

做生意，信用越好，才能越成功地推销自己，但也不能轻易许诺，除非你有足够的把握能够完成，费力不讨好的事情最好不要去碰，也别抱着能被原谅或者小事无足挂齿的侥幸心理。一诺掷千金，食言等于欺骗，从小说它关乎你个人信誉，从大说它损害企业的利益。

6. 重情重义，以德报德

商场上有一则不成文的规则："人脉决定财脉。"梁山众好汉之所以甘心俯首于手无缚鸡之力的宋江，是因为宋江重情重义，对兄弟们向来以德报德，一视同仁。

李嘉诚常说："做事要守信，做人一定要有'义'。今日而言，也许很多人未必相信，但我觉得'义'字，实在是终身用得着的。"

杜辉廉是证券专家，与李嘉诚结下了不解之缘。李嘉诚多次邀请杜辉廉担任长实董事长，但都被杜辉廉谢绝了，但这并没因此影响两人的情义，杜辉廉依旧经常尽心尽力地给李嘉诚出谋划策。

1988年底，杜辉廉与好友梁伯韬共同创办百富勤融资公司，李嘉诚当即决定帮助百富勤，以报杜辉廉的相助之恩。

百富勤公司35%的股份掌握在杜辉廉和梁伯韬手中，其余股份由李嘉诚邀请包括他在内的18个商界巨头掌握。这些富豪也得到过杜辉廉的帮助，所以在接到李嘉诚的邀请后，慨然允诺。他们出于情义，以德报德，帮他二人壮其声威，并不干预任何决策。

当百富勤站稳脚跟在商业界有一定地位后，李嘉诚等人主动转让自已所持的股份,让杜辉廉和梁伯韬的持股量达到安全线。尽管李嘉诚只是出于情义,并不想从杜辉廉那里赚取分毫,但他所持的5.1%的股份,仍然为他带来了大笔红利。

有情有义者方能体现出个人的诚信。在商界沉浮,没有几个情义较深的朋友,一旦事业陷入危机,想要获得实心实意的帮助,仿若天方夜谭。

李嘉诚一直认为,有钱要大家赚,利润更要让大家一起分享,做人不可自私自利,有情有义才有人愿意与之合作。作为最大投资商,你拿10%的股份很公正,拿12%也没什么,但是如果只拿8%的股份,将其余回报给那些曾经支持过你的人,你的财源将源源不断而来。

重情重义不是用嘴巴说说那么简单,而是要实实在在地去做,从内心对每一个帮助过自己的人带着感激之情,以实际行动来表达。

李嘉诚辞别塑胶公司的老板打算自己创业,老板并未因此责怪李嘉诚,而是设宴为他饯行。

李嘉诚既愧疚又感动,坦诚地向老板说出自己的计划:"我离开你的塑胶公司,是打算自己也办一间塑胶厂。我难免会使用在你手下学到的技术,也大概会开发一些同样的产品。现在塑胶厂遍地开花,我不这样做,别人也会这样做。不过,我向你保证,我绝不会把一个客户带走,绝不用你的销售网推销我的产品。我会另外开辟销售途径。"

后来,李嘉诚创办了自己的塑胶厂。果然,有不少在李嘉诚原来工作的塑胶公司发展的客户转向与李嘉诚合作,但李嘉诚无一例外地谢绝了。

20多年后,由于1973年世界石油危机的冲击,香港塑胶业出现了史无前例的原料大危机。已经是潮联塑胶业商会主席的李嘉诚,将自己公司的库存原料拨给那间自己曾经打工的塑胶公司，把自己的恩公从倒闭的边缘挽救回来。已经年过花甲的塑胶公司老板感激地说："我没有看走眼阿诚的为人。"

李嘉诚的为人有口皆碑，这是生意兴隆的人际基础。有道是"一个篱笆三个桩，一个好汉三个帮"。李嘉诚学识广博，待人诚恳，这便是他独特魅力之所在。重情重义者，走到哪里都会有人扶持，人们乐意与之交友。正是因为这些朋友的帮衬，李嘉诚在推销这一行，才会如鱼得水。

20世纪70年代后期，塑胶花已经过了黄金时期。后来，塑胶花厂关闭，但李嘉诚为了感谢那些老员工多年以来对他事业的支持以及帮助，便安排老员工在大厦里从事管理事宜。

对此李嘉诚说："一家企业就像一个家庭，他们是企业的功臣，理应得到这样的待遇。现在他们老了，作为晚一辈，就该负起照顾他们的义务。"

一直以来商人都以利益为先，只要求赚钱，商人不是慈善家，商场更无情，而李嘉诚却化无情为有情，为自己在商业界赢得了一个又一个美名与一阵又一阵支持的掌声。创业也好，守业也罢，无论是对帮助过自己的人，还是员工，都抱着以德报德的态度，才能获得他人的信服与尊敬，能在危难之际得到他人的帮助，更能够为身后的企业树立起诚信的招牌。

7. 以诚信感召，奠定企业不败之基

"打江山不易，守江山更难"。实践证明，办好企业要做的事情有很多。鞍山亨通阀门有限公司董事长姚辉曾说："一个企业若想在不断成长的过程中立于不败之地，不仅要有好的产品、好的机遇，更要有好的信誉。"把诚信建设作为企业的立业之基和兴旺发达的动力，才是最根本、最明智的举措。

只有诚信，才能凝聚企业的人心，提升企业的人气。在"只有永恒的利益，没有永恒的朋友"的市场经济游戏规则中，"一方有难，八方支援"似乎有些不切实际，但对李嘉诚来讲，这天方夜谭却因他的诚信成为不争的事实，并且为他的企业奠定了不败之基。

创业初期的李嘉诚年少气盛，急于求成，忽略了产品的质量。一个客户宣布李嘉诚的塑胶制品质量粗劣，要求退货。紧接着，接二连三的客户纷纷拒收长江塑胶厂的产品，还要长江厂赔偿损失。

而这时，银行得知长江塑胶厂陷入危机，立即派职员催还贷款。全厂员工人人自危，士气低落。长江塑胶厂面临着遭银行清盘、遭客户封杀的严峻局势。

李嘉诚回到家中，强颜欢笑，却被母亲看透了心事，母亲给他讲述了云寂和尚让二位弟子种熟豆子的故事。李嘉诚从中悟出玄机——战胜一切的不二法门是诚信，而他忽略了诚信二字，才使企业陷入破产的边缘。李嘉诚痛定思痛，决定力挽狂澜。他挨个到商户那里"负荆拜访"，一一道歉，请求放宽货款期限，并保证在放宽的期限内一定偿还欠款。

李嘉诚的诚恳，得到大多数人的谅解。银行、原料商和客户一致放宽

期限,李嘉诚获得了收拾残局、重振雄风的宝贵时间。

李嘉诚在一次名为"赚钱的艺术"的演讲中说:"现今世界经济严峻,成功没有魔法,也没有点金术,但人文精神永远是创意的源泉……更重要的是正如我曾经说过的,要建立个人和企业的良好信誉,这是在资产负债表中见不到、但却是价值无限的资产。"

李嘉诚从小就从父母那里接受了传统道德教育,如"以和为贵"、"积德行善"等。在以后的经商过程中,李嘉诚非常注意树立自己和公司的信誉,同时也怀着一颗感恩的心乐善好施。他施恩不图报的行为,为他在社会上赢得了良好的口碑。

李嘉诚创业之初没有足够的启动资金,他打工积攒的那点积蓄根本不够。但因为李嘉诚平日在众多亲朋好友中建立了良好的诚信起了强大的感召作用,当李嘉诚向他们开口借钱时,大多数人都慷慨解囊,爽快地给予帮助,李嘉诚很快筹够了资金,从而解决了创业最大的困难。

北美房地产大王李察明曾经一度陷入财务危机,急需找一位重信誉且有实力的人来帮助他渡过难关,并建立长期的合作关系。最后,李察明选择了李嘉诚,李察明说:"我相信李嘉诚的为人。"

为表明诚意,李察明将纽约曼哈顿一座大厦40%的股权拱手让给了李嘉诚。在这笔交易中,李嘉诚获得了巨大的利润,最重要的是他和李察明因此建立起深厚情谊,为自己事业的发展带来了更大的空间。

对员工讲诚信、对市场讲诚信、对消费者讲诚信,能让诚信成为激励员工的精神支柱,成为企业的道德基准,成为经营管理的信条。因此,可以毫不夸张地说,诚信是孕育品牌的母体,而品牌则是诚信的产儿,诚信的号召力是非凡的。

诚信是企业的形象,是一种无形的力量。"自谋不诚欺心而弃己,与人不诚则丧德而增怨",任何有远见卓识的企业家都要像爱护自己的眼睛一样,珍惜和爱护企业信誉,真正做到"诚招天下客"。企业只有诚实守信,保证良好的产品和服务质量,才能赢得消费者的信赖,赢得市场,从而为自己的生存发展打下坚实的基础,使企业屹立不倒。

第三课

坚韧：石缝里长出来的小树更富有生命力

"古之立大事者，不唯有超世之才，亦必有坚忍不拔之志。"苦难的生活,是你人生的最好锻炼。没有丝毫犹豫的竞争既是搏命,更是斗智斗勇。倘若连这点勇气都没有,谈何在商场立脚？李嘉诚14岁辍学就业,历经种种困苦与磨难,积累了丰富的人生经验与阅历。他坚信,石缝里长出来的小树更富有生命力。

1. 早一些体会挣钱不易是件好事

成长与成功离不开经历,早些体会到挣钱的难处,才能早些树立人生志向,开阔思维。常听一些人夸夸其谈:"赚钱还不容易吗？没准我就是下一个李嘉诚。"赚钱不是纸上谈兵那么容易。想一步登天,想成为成功的商人,作再多准备,却没有社会实践,只能步步走、步步损。

李嘉诚14岁便四处求职,经历百转千回、曲曲折折,看尽了人世苍凉。正是如此,他阅历无数,一步一步踏上经商之途,虽创业途中也有危机之时,但他最终靠着总结出来的经验化险为夷,稳步前进。

李嘉诚从一个一无所有的贫苦少年成为中国历史上首位"亿万富翁",从一个茶馆的小学徒到拥有长江实业、黄河集团、香港电灯、长江基建四家上市公司的世界著名企业家,这一切源自于他很早便懂得挣钱的不容易。

李嘉诚的两个儿子在香港圣保罗这所顶级名校上小学时,其他的孩子大都有父母接送,而他们却要与李嘉诚挤在电车里。有时候两个孩子会因此感到委屈,便问爸爸:"为什么别的同学都有私家车接送,为什么您不让家里的司机接送我们?"李嘉诚听两个孩子抱怨后,便笑着说:"在电车、巴士上,你们能见到不同职业、不同阶级的人,能够看到最平凡的生活、最普通的人,那才是真实的生活、真实的社会,而坐在私家车里,你什么都看不到,什么也不会懂。"

经过长久的接触,两个孩子从小便知道真实的生活不是衣来伸手饭来张口那么容易,而是充满了辛酸和劳累。有时候,李泽钜和李泽楷两兄弟看着学校内那些大手大脚花钱的同学会稍有羡慕,因为他们手中的零花钱少得可怜,他们必须勤工俭学,自己挣零花钱。他们做杂工、侍应生,李泽楷更要每个周末去高尔夫球场做球童。李嘉诚每每看到孩子从小便懂得自力更生,体会挣钱的不容易,便笑在心里,他时常开心地对妻子说:"月明,孩子像这样发展下去,将来准有出息。"

一般人只会看到饭桌上的老板满面春风,却体会不到那笑容后的辛酸。生意人没你想象的那么惬意,一年到头,刮风下雨,劳碌奔波,就算忽略掉酸涩的创业史,在生意步上正轨后,他们的日子也不轻松。生意越大,风险越大,一失足便可成千古恨,甚至有时可能一夜之间家财败光,欠下一堆债务。

"时间就是金钱"、"效率就是生命"。在商界,对于一个商人来说,争分夺秒是必胜的关键,但没有足够的经验和阅历,便无法做出最快速、最有力的方案。而那些入世早、经历丰富之人,很快便能够分析出问题的关键,做出最快的抉择。

越早体会到挣钱的不容易,越懂得珍惜,珍惜时间的宝贵,珍惜人生的短暂,珍惜金钱的来之不易。只有早早体会人情世故,积累人生的财富,你才能为创业做足充分的准备,在思想上、行动上,与人拉开一寸距离,与成功缩短一寸距离。蓄势待发比仓促前行更具爆发力,一些成功者赢就赢在富足的世事储备。

2. 没有斗志,就没有战胜困难的潜能

创业,即便一败涂地,赔了夫人又折兵,也算不得失败。人一旦失去斗志,才是真正的败寇。韩国"现代"之父郑周永说:"没有人天生愿意接受'围追堵截',但当这些苦难来临时,你必须要接受。你要知道,如果你能走过来,别人的'围追堵截'就是上天对你的一种恩赐。"

商场远比战场残酷,磨难随时而至,悄无声息,打得你猝不及防。你要想干成大事业、担当大责任,必须从精神到肉体都能承受常人所难以想像的磨炼。成大事者只会越挫越勇,而没有斗志的人,不会从困境中提炼出战胜困难的潜能。

李嘉诚年少时来到塑胶厂做推销员。当时公司有7名推销员,数李嘉诚最年轻、资历最浅,另几位推销员经验丰富,已有固定的客户。李嘉诚没有因此而轻易言败,他是一个不服输的人,他不相信自己会比别人差。于是,他给自己定下目标:3个月内,干得和别的推销员一样出色,并且用半年的时间,超过他们。

凭借着这股劲儿,仅一年工夫,李嘉诚就实现了他的预定目标。他超越了另外6个推销员,那些经验丰富的老手也难以望其项背。当老板拿出财务的统计结果时,连李嘉诚都大吃一惊,他的销售额是第二名的7倍。

全公司的人,都在谈论推销奇才李嘉诚,说他"后生可畏"。当天,18岁的李嘉诚被提拔为部门经理,统管产品销售。两年后,他又晋升为总经理,全盘负责日常事务。

斗志使李嘉诚不甘做一个碌碌无为者,不甘折服于困境,它大大激发出李嘉诚自身的潜能,使他不断在新的岗位与新的领域取得巨大的成功,实现一次次超越。

既然打算创业,就必须树立起不畏艰难困苦、永不服输的斗志,最可怕的往往不是无法成功,而是一个人自始至终没有斗志。精明的客商不会看重没有雄心壮志之人,更别提合作。没有斗志的人,他的前景不会多么出彩,反而会淹没在时代的潮汐中。

经商就要干出一番天地,这样才能被称作时代的骄子、成功的典范,斗志是浇灭苦难的法宝,世间只有勇者胜,没有萎靡者傲立顶端的例子。

1987年,温州生产了不少假冒伪劣的皮鞋,对此浙江省工商部门将全国各地查抄假冒伪劣的温州鞋,集中在杭州武林门一把火烧掉,轰动全国。

第二天,王振滔正在从武汉回温州的车上,准备进一批皮鞋回武汉卖。当时他对此事不以为然,但武汉的合伙人却打来电话:"出大事了,我们的鞋全被没收了。"

王振滔连夜赶回了武汉。站在湖北的鄂州商场,看着空空如也的柜台,王振滔欲哭无泪,价值20多万的货,一下子全打了水漂。有关部门竟然在长江边租了一条船,以5元一双的低价处理没收的温州鞋。

痛心不已的王振滔怨气难平:如果我的鞋是假冒伪劣,你们可以集中销毁,但你们公开销售,说明我的鞋没有问题!王振滔为了讨个说法,经过艰难的诉讼,终于获得了胜利,拿到了2000块钱的赔偿费,钱虽然很少,但足以证明他的清白。

那把火烧起了王振滔的豪情和决心。他回到老家,用仅剩的3万元钱创办了奥康的前身永嘉奥林鞋厂,并发誓总有一天要为温州皮鞋雪耻。

在大家都转行之际,王振滔却依然坚持,而且做到了最好,这使他一开始便占据了最优势的位置,将竞争对手远远抛在了后面,成就今后众人瞩目的品牌。

"成王败寇"的关键在于一个"志"字,"有志者事竟成",困难再大也大不过一个人想要取得成功的决心与斗志。

李嘉诚认为,开弓没有回头箭,既然选择经商,就必须认真走下去。在几十年的商场生涯中,李嘉诚时刻保持着壮志雄心,遇到任何困难或挫折,他都保持着一股视死如归的干劲。成为塑胶大王,果断进军房地产业,入主和记黄埔,合力战置地,跨国投资……这一桩桩、一件件事,如果没有斗志的扶持,一件也不可能完成。

用斗志战胜困境对于成功者来说比成功的结果更能成就自己的荣耀。"自信人生二百年,会当击水三千里",有斗志,才会勇往直前;有斗志,才会不断创新;有斗志,才能摆脱一个个苦难。

3. 艰苦的环境更能磨炼人的心智和眼光

"机会是上帝的别名",发现并把握商机可以说是致富的一条捷径,有时候,一个机会就足以让人一夜暴富。艺术家认为,世界不是缺乏美,而是缺少发现。没有足够的心智与眼光,商机就只能转瞬即逝。

李嘉诚说:"苦难的生活,是我人生的最好锻炼,尤其是做推销员,使我学会了不少东西,明白了不少事理。所有这些,是我今天10亿、100亿也买不到的。"而"眼睛仅盯在自己小口袋的是小商人,眼光放在世界大市场的是大商人。同样是商人,眼光不同,境界不同,结果也不同"。

苦难不仅能锻炼人的坚韧意志力,更重要的是,它能够让你在艰苦的环境中学到很多平时无法学到的处事智慧,让你独具慧眼。

比尔·盖茨说:"我从来都是戴着望远镜看世界的。"对于商人来讲,人不是走多远看多远,而是看多远走多远,谁有心智、谁有眼光,谁就能够趋势,就能牢牢抓住机遇,就能"早富"、"大富"。

17岁时李嘉诚在五金厂主要负责镀锌铁桶的推销。他一入行就感到竞争十分激烈。在推销的过程中,李嘉诚会分析推销的对象,根据不同的对象采取不同的推销方法。

他首先分析,酒楼旅店是"吃货"大户,于是就集中精力对这些堡垒攻坚。李嘉诚曾经打入一家旅店,一次就销出一百多只铁桶,销售业绩十分惊人。此外,李嘉诚对家庭散户也做了研究。

渐渐地,李嘉诚发现自己不仅推销有术,而且大有发展潜力。他还发现自己在茶楼当堂倌时学会的观察能力和分析能力在此派上了用场,总能凭直觉看出客户是什么类型的人物,并且能马上了解客户的心理和性格,从而制定出相应的推销策略。

几十年的商海沉浮，无数个艰难挫折，已经把李嘉诚磨炼成一把锐利无比的剑，使他能在虎狼相争的商战中游刃有余，让他锻炼出独到的眼光，他虽然没有受到过什么高等教育，但是他看得比别人远，做得比别人好，想得比别人周到。

李嘉诚曾总结自己的成功之道时说："我创业初期，几乎百分百不靠运气，是靠智慧、靠辛苦、靠工作能力而赚钱。"所以，李嘉诚的成功与他的商业思想，为人处世的之道密切相关。俗话说"时势造英雄"，没有艰苦的环境，是无法磨炼出人的心智与眼光的。

"人们赞誉我是超人，其实我并非天生就是优秀的经营者。到现在我只敢说经营得还可以，我是经历了很多挫折和磨难之后，才领会一些经营要诀的。"李嘉诚这样总结。

最近报社特别忙，有位好心人打来电话请报社派记者前去采访一个重大新闻。当时报社内只有承洋在，主任只好派他独自前往采访。

他回来后，主任向他要采访的内容，承洋却说："路上太堵了，等我赶到时事情已经接近尾声，并且除了我们报社，也都有其他报社在采访，想着此事已经没什么重要的新闻价值了，我就回来了。"

主任听完承洋的话，生气地说："北京的交通向来瘫痪，你没赶到，那其他报社的记者是怎么赶到的？"

承洋继续辩解道："真的是很堵，况且我又不熟路，还背着这么多的采访器材……"

主任听到他还在找借口，气愤道："既然这样，那你另谋高就好了，我们新闻工作者要随时面对陌生甚至艰苦的环境，如果因为这些就找借口退缩，那些顶着生命危险，在枪林弹雨中关注各个暴动国家的记者岂不是都是摆设？"

就这样，承洋失去了令人羡慕的好工作。

迎难而退，不仅损害集体的利益，更阻碍了自己的发展。李嘉诚说："如果你的生活方式发生了改变，商机就已经来了。新兴的生活方式代表着新的市场需求，而有一些市场总在人们还没有意识到的时候突然兴盛，使早具慧眼的人赚了个盆满钵满。梳理这些商机不是一件难事，只要看看我们工作生活中的新鲜东西就行了。"

李嘉诚在自己坎坷的人生路上，不断总结经验，扩展着商界的知识面，一步步摸索经营诀窍，这些诀窍使他的生意越做越大，越做越好，最终成为了今天的华人首富。

百炼成钢，在艰苦的环境中坚持、摸索，能极大地锻炼人的心智与眼光，那些从商海中冲出来的黑马才是真正的强者。与其做时代的弱者，不如在苦难之中摸索出一套适合自己的套路，总结属于自己的经营秘诀。

4. 命运对谁都是公平的

胸怀大志者，不甘愿一辈子碌碌无为，便选择创业，他们虽满怀希望，但这不等于挫折与苦难会敬而远之，为此一些失意者将其归咎为命运不公。但事实上，这并非是命运弄人。

"物竞天择，适者生存"，李嘉诚身无分文从内地来到陌生的香港，来到这个竞争异常激烈的商业社会后，才知道什么是真正的世界：这里崇尚金钱，钱财成为衡量人价值的唯一标准；这里商场如战场，即使自己家财万贯，也不能有丝毫懈怠。

没有谁天生就是商业奇才,后来李嘉诚虽找到了解决方案,渡过危机,但这也揭示了一个人的一生没有一帆风顺的道理,李嘉诚也不是天生就精于经商,他的许多经验是从失败中总结出来的。

李嘉诚在艰辛的环境面前面对现实,果断转变观念,抛弃那些不合时宜的东西,吸收新环境中优秀的东西,很快适应了新环境并开始建功立业。事实上,与其说是香港改写了李嘉诚的人生,造就了他的辉煌,不如说是李嘉诚适应了香港、战胜了香港。对于一个有强大事业心的人而言,困难在他们眼里并不可怕。

一个冬天,李嘉诚领着他只有十多岁的两个孩子到路边去看一个7岁的小女孩。由于女孩的父母很穷,所以她放学后在马路上铺了个报摊,坐在地上,在凛冽的寒风中边卖报纸,边做功课。李嘉诚对他的儿子们说:"如果你们能做到这样就一定会成功。"命运对任何人都是公平的,没有付出就没有收获,得到与失去是对等的,一步登天和一劳永逸,对李嘉诚来讲同样是天方夜谭。

"命里有时终须有,命里无时莫强求"纯粹是自我安慰,是退缩前冠冕堂皇的借口。创业不难,难在你有一颗能承受挫折的心,人必须在苦难中成长。如果好运偏离驶向你的轨道,那它便是一次对你的评估,将会对你进行淬炼。

"要当就当李嘉诚"的梦想,并非遥不可及,李嘉诚过去也当过杂役、端过茶,这些不起眼的小工作,却被他大大利用起来,让他懂得了察言观色,分析对手。他所遇到的困难与挫折,数不胜数,更何况在那个动荡年代,对于一个想创业的毛头小子来说,困难与风险远比现在大。

命运很公平,或许它不会按照你的意愿来给予,但是它会提供给你得到它的条件。不管你从事的是什么工作,它都是一个发现与展现自我的机会,是给你体验人生,积累经验的机会。

抱怨于事无补,只能浪费时间。"人的命,三分天注定,七分靠打拼",

成功的商人多数都是从最低等、最累的工作做起,一路摸滚打爬,逐步锻炼自己的各种能力和本领。

5. 处逆境时,你先要镇定考虑如何应付

逆境不是绝境,有做生意的决心就要有绝处逢生的觉悟,创业免不了担风险,世事无常,商场风云如天气,境况突变很正常。一旦发生无法预料的情况,若不想满盘皆输,你最好保持镇定。

李嘉诚说:"在逆境的时候,你要自己问自己是否有足够的条件。当我自己遭遇逆境的时候,我认为我够!因为我勤奋,节俭,有毅力,我肯求知,又能建立信誉。"

李嘉诚在他70岁高龄接受香港电台访问,谈及年少时他对自己充满信心。李嘉诚之所以成功,是因为他身处逆境之时足够了解自己,明白自己能干什么、该干什么。

"知人者智,自知者明。"只有足够了解自身实力,你才能做出正确判断,从而做出正确决定。处于逆境之中,慌不择路或者急于冒进,只会使事业陷入更加难以挽回的危机,越是风口浪尖,一个决定就是成败的关键。人在情绪波动下无法作出正确判断,因此,你必须保持镇定,考虑如何应对,决定下一步的行动。

李嘉诚一生游刃商海,基本上没有作过什么重大的错误决定。每一次作决定之前,他都会镇定而充分地了解自己的境况,对其进行逐一分析。若没有足够的实力和完全的把握,他不会贸然行动。正是这种精神让他在一次次的逆境中奋起。

20世纪70年代末期，香港很多重要口岸都被英资公司占据着，当时，李嘉诚已经在和置地公司的交锋中获得胜利，加上他获悉中国内地要搞经济改革，香港华资应该会有良好的发展，于是便确立了全面进攻英资领地的发展目标。

李嘉诚决定将九龙仓码头作为自己的首要进攻目标后，开始不动声色地收购九龙仓的股份。谁知，就在李嘉诚聚集力量准备把置地杀个措手不及的时候，精明的置地闻风而动，开始在市场上购回九龙仓的股权，进行反收购。在你来我往的争斗中，九龙仓的股价在1978年底被炒到了每股46元港币的历史最高。

李嘉诚自己心知肚明，凭借自己当时的能力，根本难以和置地公司在九龙仓这个问题上抗衡。再继续下去，自己必死无疑。便决定放弃九龙仓，以免造成"偷鸡不成反倒蚀把米"。

后来，因为了解船王包玉刚对九龙仓争得厉害，李嘉诚把自己所持有的1000多万股九龙仓股票转让给包玉刚。李嘉诚此举不仅从包玉刚那里赚到了利润，更躲过了风头。而包玉刚因与九龙仓负责人纽必坚争得厉害，不断扩大股份，所以在一次疏忽中，被打个措手不及，为此付出了21亿港币现金的沉重代价。

李嘉诚审时度势，对自身实力有一定的了解，所以没有被利益冲昏头，及早地从这场大战中抽身，将九龙仓股票转手，获得了相当的利润和新的发展，这对于当时的他来说就足够了。

不盲目向前冲，量力而行非常重要。你要明白自身的实力，如果没有足够的能力，最好蛰伏起来，伺机而动。不了解情况就在逆境里横冲直撞，只会加重损失，甚至造成可怕的后果。

李嘉诚说："我决定一件事时，事先都会小心谨慎研究清楚，当决定后，就勇往直前去做。"大多数成功的商人，都有着一颗非比寻常的冷静头脑，即便泰山崩于前，也不会表现出丝毫慌张，而是淡定地看待一切利益的角逐，从中分析出对自身最有利的抉择，这就是小商贩与大商人的区别所在。

时常秉持"视金钱为粪土"的概念，更容易让人在利益面前保持冷静，从中探寻出减少利益亏损的最佳方案。一个精明而又不断取得成功的商人，不会贪婪，更不会在逆境中糊里糊涂地将自身置于没有把握的风口浪尖。

6. 永不放弃，永不言败

比尔·盖茨曾说："最美好的财富人生始于个人敢于行动的气魄。"选择经商的目的是为了创造财富，但商场如战场，处处隐藏危机，一个企业的支撑，除了雄厚的资本，还需一股核心力量：永不放弃，永不言败，自强不息的领导精神。

李嘉诚曾说："不必再有丝毫犹豫，竞争既是搏命，更是斗智斗勇。倘若连这点勇气都没有，谈何在商场立脚，超越自己？"凭借这股自强不息的精神，使李嘉诚勇于开拓，白手起家，从30岁起便成为千万富翁。

李嘉诚的长江实业已经具备开拓更大国际市场的潜力。于是，李嘉诚决定开拓出一片属于自己的北美市场。

他印制了大量精美的产品广告画册，并分发出去。不久之后，李嘉诚便收到北美一家大规模贸易公司的信息反馈，该公司决定派采购部经理来香港。但该公司也提出一个要求，希望李嘉诚能陪同一起走访参观香港其他的塑胶花生产厂家，也就是说该公司可能会选择其他厂家合作。

李嘉诚深知自己的工厂格局和生产规模无法与香港其他几家大型塑胶厂相抗衡，但他不想放弃，于是决定放手一搏，在一周之内，将长江塑胶厂生产塑胶花的规模尽量扩大到令外商满意的程度。如果此举失败，李嘉诚付出的代价可能就是失去多年来苦心经营的事业！

北美那家贸易公司在7天后准时到达香港的时候，李嘉诚亲自到机场去接待外商，后两人一同返回厂内。在回去的路上，李嘉诚心里忐忑不安。直到汽车抵达工业大厦，听到熟悉的机器响声和熟悉的塑胶味道时，他一颗悬着的心才算落下来。

外商参观了长江塑胶厂的生产流程和样品陈列室。他对李嘉诚说："李先生，在我动身之前，认真看了你的宣传画册，知道你有一家不小的厂和较先进的设备，但没想到规模这么大、这么现代化，生产管理是这么井井有条。我不想恭维你，但你的厂完全可以与欧美的同类型厂商相比。"李嘉诚成功留下了这个北美客户。

若没有这股坚持不懈、勇于奋进、不放弃、不言败的决心与斗志，比尔·盖茨何以构建出电脑的宏伟蓝图，乔丹何以活跃在NBA的赛场上，爱迪生何以经历过几百次失败后创造出电灯？牛顿的运动定律，巴尔扎克的《人间喜剧》无一不包含着永不放弃的精神。

闯荡商海，要经历的坎坷与磨难数不胜数，这一刻有惊无险，下一刻可能声名狼藉。李嘉诚一直生活在自己的顽强意志中，他的成功不是运气，而是他用坚定决心，树立目标，坚持不懈，努力拼搏着支撑自己。他并非是人们口中打不倒的超人，在他创业守业的路途中，时时刻刻都有一道又一道漩流湍急的险滩，但他一直靠着不放弃、不言败的信念支撑自己,将这一切磨难当成是人生的历练,当作成功的垫脚石。

泰国华裔富商陈兴勤说:"失败是成功之母,创业要有'败不馁'的精神,要死也要死在大海,不要待在小溪里。"做生意难免有失败出错的时候,失败了必须学会从中吸取经验教训,妥善处理途中遇到的波折和阻碍,如此,才能在接下来的路途中向成功迈进。

每一个成功人士的背后往往都有着血和泪的教训,都有来自因这些教训而积累起来的经验。李嘉诚的事业不是一帆风顺的,同样经历过多次的失败和挫折。庆幸的是,李嘉诚从不会为这些挫折和失败而感到沮丧,或一蹶不振,而是斗志不灭、雄心犹在,寻找破解困境的突破口,将被动变为主动,积极应对。

比尔·盖茨说:"善于少走弯路的人,总是一个用头脑驾驭自己人生每一步的聪明人。"遭受挫折和失败后就徘徊不前、半途而废、唉声叹气、悲观失望、自暴自弃等等,只会让你犯更大的错误、遭更多的失败。

"三年能学套好手艺,一辈子学不够的买卖人",成功人士的商业才华,不是上天赐予,也并非全靠他们聪明的头脑。要成功,就必须在你心里种下一轮不落的太阳。对于商人来说,当你燃起无穷的斗志与毅力,不轻言放弃,不为失败而妥协退让,那么你离成功便不再遥远。

7. 迎难而上,在逆境中寻找事业的突破口

市场竞争日趋激烈,各种危机时刻威胁着企业的生存和发展,一些看上去非常强大的企业在遭遇一些小危机后,身处逆境,会如"多米诺骨牌"一样,一泻千里。

事实上，在每一位成功者的经历中，都曾面临过无数的困难和挫折，李嘉诚也不例外，但他认为逆境是生意人成长过程中的一门必修课，逆境是强者的晋升之阶、能人的无价之宝、弱者的无底深渊。能够在逆境中不退缩，迎难而上，寻找事业突破口之人，才称得上是真正的商场英雄。

早年，长江塑胶遭遇了一次危机，元气尚未恢复完全，便又遭遇到竞争对手的打压。对方将拍摄到的长江厂房残破不堪的照片刊登于报纸上，想借此彻底毁坏长江的形象。

刚刚历经挫折的李嘉诚，再次迎来一场风波，但他已经成熟了很多，非常清楚这次的负面宣传会再度将长江逼入绝境，但他必须冷静地面对现实，思考能够扭转局面的对策。后来，他决定充分利用"免费宣传"，反败为胜。

他拿着报纸，带上自己的产品，开始走访香港百家代销商。他坦率地向顾客承认创业初期，厂房破旧，不过他所生产的商品质量绝对没有任何问题，他很真诚地欢迎代销商去实地考察，并许诺他们满意了再订货也不迟。

代销商被李嘉诚的诚恳以及产品的优质质量所打动，去长江厂参观后，纷纷订货，使长江厂的生意空前红火，对手的阴谋泡汤。

李嘉诚一生涉足商界，所经历的磨难数不胜数，然而他一次又一次勇敢冷静地面对，一步步化险为夷，不肯屈服于所谓的命运。初创业，李嘉诚便毅然准备好迎接各种苦难，他很清楚，商界是弱者的坟墓，强者的搏斗场，如果没有能在逆境中迎难而上的决心，是无法在一次次的博弈中胜利的。

遵化市长赵山曾在一席讲话中说："出现危机并不可怕，我们要看到背后孕育着新的发展机遇，这正是进行资源整合，变被动为主动走出困境的难得机遇。"

李嘉诚认为，不管你是打工还是创业，都有必要对自己所从事的行业前景有清醒的认识。经营往往受非人力所能左右的客观因素的影响，生意人必须做到明察善断，未雨绸缪。

2000年，马云把阿里巴巴的阵地铺到了美国硅谷、韩国，还将阿里巴巴的英文网站放到硅谷，但当时正值互联网的冬天，大批互联网公司倒闭，阿里巴巴的硅谷中心也陷入了生存危机中。

为避免这次风波的冲击，2000年末，马云宣布全球大裁员。2001年，马云开展了阿里巴巴的"整风运动"。

经过一番深思熟虑，马云认为，小企业通过互联网组成独立的世界，帮助中小企业赚钱是阿里巴巴的目标。于是，马云频频飞到世界各地联系买家，分析当时国内电子商务环境后发现，B2B交易成败的关键在于安全支付的问题。马云抓住这一商机，在阿里巴巴启动了"诚信通"计划，和信用管理公司合作，对网商进行信用认证。

此后，诚信通的会员成交率从47%提高到72%，45000个网商的营业收入让阿里巴巴日进斗金。马云顺利地将阿里巴巴的危机转为商机，把握住了阿里巴巴的发展方向。

马云曾呼吁广大中小企业面对逆境，不能放弃，有迎难而上的觉悟，才有转危为安的机遇。"今天很困难，明天更困难，后天很美好。但是绝大部分人会死在明天晚上。如果你放弃了，你就永远也没有机会看到后天的太阳。"

李嘉诚认为，身处逆境并不可怕，关键要看你在逆境之中是否仍有信心，是否能够保持清醒的头脑。置身逆境中，不应怨恨，而要想方设法摆脱困境，慢慢寻找到解决困境的突破口。真正的生意人，不但不会担心遭受意外的致命打击，反而能从困境中学到许多经验，将逆境视为宝贵的磨炼机会。只有经得起逆境考验的人，才能算是真正的强者，尤其是在商战中。

8. 万一真的失败了，也不必怨恨，慢慢寻找东山再起的机会

"马有失蹄，人有失足。"天不从人愿，再精明的商人也有栽跟头的时候，这时，心态决定真正的胜负。一些人怨恨世道险恶或人心不古，所以只会在低谷中越沉越深；一部分人不会低头，伺机待发，等待东山再起的机会。

李嘉诚说："精明的商家可以将商业意识渗透到生活的每一件事中去，甚至是一举手一投足。充满商业细胞的商人，赚钱可以是无处不在、无时不在。"创业虽不像喝水吃饭那么简单，但发财的机会有很多，就看你有没有斗志，够不够理智，能不能从失败中重新振奋起来。

李嘉诚认为，面对失败，应该以坦荡的胸怀找到失败原因，提高自己面对市场挑战的本领。在李嘉诚看来，风险与利润是一枚硬币的两面，做生意就是要面对不确定性，伺机夺取成功。

著名的泰国华人企业家朱岳秋说："只相信成功、不相信失败，如果没有这种精神，那么在生意场上是很难混下去的。"做生意有赔有赚，是常有之事，关键在于赔了是否有勇气东山再起。失败并非命中注定，熬出来的好日子才有味道，人心一旦低落，即便有反败为胜的机会，也会错过。

李嘉诚曾因年少轻狂，差点让刚成立的塑胶厂倒闭，但他并未因此而抱怨，经过一连串磨难后，他开始冷静分析国际经济形势，分析市场走向。他渴望新突破，使长江厂从同行中脱颖而出，崭露头角，不局限于弹丸之地，走上国际市场。

一日深夜，李嘉诚翻阅英文版《塑胶》杂志，目光被一则简短的消息吸引住：意大利一家公司，已开发出利用塑胶原料制成的塑胶花，并即将投入成批生产推向欧美市场。一直苦苦寻找突破口的李嘉诚，如迷途的夜行人看到亮光，兴奋不已。

李嘉诚意识到，植物花卉花期有限，每季都要更换花卉品种，实在麻烦得很，现代人以赶时髦为荣，塑胶花正好弥补这些缺陷。

1957年，李嘉诚带着企业复活的希望踏上了学习塑胶花制造技术的征途。他千方百计地搜集点滴有关塑胶花制作的技术资料，购置了大量在款式、色泽上各具特色的塑胶花品种，并不惜重金聘请香港乃至海外的塑胶专业人才。

1957年李嘉诚的长江厂，开始生产塑胶花。塑胶花为香港市民所普遍接受，"长江塑胶厂"的名字也开始为人们所熟悉。在接下来的日子，李嘉诚领导长江塑胶厂迎来了香港塑胶花制造业最为辉煌的时期，塑胶花开满香港。

李嘉诚正是靠着"生意人只相信成功，不相信失败"的信念，面对残酷失败时，仍然不断地寻找适合市场销路的新产品，寻找东山再起的机会。重新开出一条道路的李嘉诚，在渡过危机之后，走上了稳定发展的道路。

李嘉诚曾说："你的选择是做或不做，但不做就永远不会有机会。"一次失败，两次失败说明不了什么，机遇不会因此消失，那些站在"世界屋脊"上的成功人士，谁身上没有烙下摸滚打爬的印记？"失败是成功之母"，"谋事在人，成事在天"，何以轻言失败？我们要有不言败的精神，只要能站起来，绝不趴下，等待机会，伺机而动。

或许你的店目前生意冷清，濒临倒闭；或许你对手头上的工作一直掌握不到要领；或许你已然创业，却偏偏找了个冷项目……"天无绝人之路"，振作起来，重新寻找东山再起的机会，你才能再次开启自己的事业大门。

第四课

情义：人脉枝繁叶茂，生意才会畅通无阻

　　香港《文汇报》曾刊登李嘉诚专访，当主持问道"俗话说，商场如战场。经历那么多艰难风雨之后，您为什么对朋友甚至商业上的伙伴抱有十分的坦诚和磊落"时，李嘉诚答："跟我做伙伴的，合作之后都能成为好朋友，从来没有一件事闹过不开心，这一点是我引以为荣的事。"生意的本质就是关系，一个人越讲情义，人脉越广，生意自然越兴隆。

1. 世情才是大学问

　　聪明能干，条件优越，但不懂得如何做人做事的人，其前途不会被人看好。与现实社会沟通，在商界立足，最重要的是"晓之以理，动之以情"。商场上的人情世故，不是喝喝酒、打打牌那么简单，其中蕴含的大学问关

乎你个人的前程。

有人做过这样一个总结:初入社会的人,往往踌躇满志,自以为满腹经纶,可以大有作为。可一段时间过后,却变得士气低落、意志消沉。

李嘉诚认为自己事业有成的原因在于"懂得的道理",他经常讲:"要想在商业上取得成功,首先要懂得道理,因为世情才是大学问。世界上每个人都精明,要令人家信服并喜欢和你交往,那才是最重要的。"商人有一个精明的头脑还远远不够,还必须在处世方面有过人之处。

少年李嘉诚由于家庭生活所迫,不仅步入社会很早,而且十分早熟。在他还只是个14岁少年时,就已经开始有意识地体察世事人情。

因为当时找工作的特别不容易,对第一份来之不易的工作——茶楼跑堂,李嘉诚倍加珍惜。他真诚敬业、勤勉有加,很快便赢得了老板的赏识,成了加薪最快的堂倌。

但对年幼的李嘉诚来说,这份工作的价值远不止是一个"饭碗"。茶楼是个浓缩的小社会,三教九流,什么人都有。也许是泡在书堆里太久的缘故,李嘉诚对于茶楼里的人和事,有一股特别的新鲜感。

渐渐地,他发现茶楼的客人各具特色,又各有喜好。于是,在干好自己手头工作的同时,他开始暗暗观察起每个客人来。他首先根据各位茶客的特征,揣测他们的籍贯、年龄、职业、财富、性格等等,然后找机会验证。接着他又揣摩顾客的消费心理,看他们喜欢喝什么茶,喜欢吃什么茶点。

刚开始,他一点也猜不透茶客的情况,但他没有气馁,继续观察,不断总结规律。终于,他能猜个八九不离十。后来,李嘉诚对一些常客的消费需要和消费习惯了如指掌。如谁爱吃虾饺、谁爱吃肠粉加辣椒、谁爱喝红茶,什么时候上什么茶点,李嘉诚心中都有一本账。甚至一个陌生人来到店里,李嘉诚也能把他的身份、地位、喜好和性情猜出来。

李嘉诚投其所好,又真诚待人,使顾客感到自己特别受尊重,高兴之余,乖乖地掏钱,这自然使他获得老板的欢心。于是,李嘉诚更加自觉地训练起了察颜观色、见机行事的本事,很快成为一个十分出色的堂倌。

就当时而言,李嘉诚训练察言观色、见机行事的本领,主要是为了干好这份得来不易的工作。但后来,这项本领对他的事业起了决定性的帮助,成为他了解客户的切实需要,驾驭客户心理的绝招。可以说,若无这项本领,他绝不可能有后来的辉煌成就。

古人说:"世事洞明皆学问,人情练达即文章。"一个人要做好任何事情,都离不开"世事洞明"和"人情练达"这八个字,这对于有志于经商的人至关重要。

头脑只能用来思考,在商言商,要笼络人脉、抓住机遇,就必须懂得察言观色,懂得人情世故。李嘉诚在商业上的成功,与其说来自精于计算,还不如说是他做人的胜利。

初出茅庐的商人,对于商业情形,必须随时体察,处处注意,需研究得十分透彻,千万不可粗忽疏失、学得一知半解就罢手。懂得人情世故,你才可在商界游刃有余,得到更多行内人士的好感,建立一层无形的关系网。必要的时候,这些关系能够起到大作用!

2. 多结善缘,自然多得他人的帮助

"在家靠父母,出外靠朋友",要吃牢商界这口饭,主要靠的还是朋友。做生意做的其实是人际买卖,要争取更多合作机会,得到更多人的帮

助,获取生意上的成功,必须广结善缘,建立良好的人际关系。

李嘉诚说:"无论是作为一个人,还是作为一个商者,道德始终是第一位的。我能有今天的成绩,都是一种个人道德乃至社会道德规范的结果。"要结得善缘,你必须对人诚恳,做事负责,具备善良的品性。

年少时的李嘉诚在一家茶楼做伙计。他待人诚恳、热衷,因此颇得客人的好感。有一天,他给客人倒水的时候,一不小心,把水洒在了茶客的裤脚上。

那时的李嘉诚吓得呆在了那里,不知道该怎么办。老板跑了过来,正准备责骂李嘉诚,却被这位茶客拦住了:"是我不小心碰了他,不能怪这位小师傅。"茶客一直给李嘉诚开脱,老板便不好意思批评李嘉诚了,于是不停地向茶客道歉。

年少的李嘉诚打心眼里感谢那位茶客的善心。老板对李嘉诚说:"我知道是你把水淋了客人的裤脚,以后做事千万要小心。万一有什么错失,要赶快向客人赔礼,说不准就能大事化了。今天这位客人心善,所以你才免了一劫。"

回到家里,李嘉诚把这件事情告诉了母亲,母亲听完,语重心长地说:"菩萨保佑,客人和老板都是好人。你要记住,种瓜得瓜、种豆得豆,积善必有善报,作恶必有恶报。以后做任何事情,都要待人诚恳一些,心里多一些善念,会有好的回报。"

李嘉诚走上经商之路,依然谨记母亲教诲,坚守做人原则,待人为善,与人交往真诚相待,遇事负责到底。如此,别人都对李嘉诚另眼相看,很愿意跟他交往、合作,甚至主动提供帮助。

一些颇具经商天赋之人,纵使资金雄厚,却做不成生意,最主要的原因在于他没给他人留下良好印象,不足取信于人。

经商经营的是买卖,走的是人缘,多结善缘,取信于人,赢得他人尊重,是在为自身增加一种无形资产。若你时常主动担负责任,热心帮衬他人,等自己遇到困难,自然会获得更多人的帮助。

1973年,石油危机波及香港。由于香港的塑胶原料全部依赖进口,因此香港的进口商乘机垄断价格,将价格炒到厂家难以接受的高位。年初时每磅塑胶原料是6角5分港币,秋后竟暴涨到每磅4元到5元港币。不少厂家被迫停产,濒临倒闭。

李嘉诚当时的经营重心已转移到地产上,因此这场塑胶原料危机对他影响不大,况且,长江公司本身有充足的原料库存。但李嘉诚毫不犹豫地挂帅救业,在他的倡议和牵头下,数百家塑胶厂家入股组建了联合塑胶原料公司。

原先单个塑胶厂家无法直接向国外进口塑胶原料,是因为购货量太小。现在由联合塑胶原料公司出面,需求量比入口商还大,因此可以直接交易,所购进的原料,按实价(其实并不高,只是被入口商炒高了)分配给股东厂家。在厂家的联盟面前,入口商的垄断不攻自破,笼罩全港塑胶业两年之久的原料危机,一下子烟消云散。

李嘉诚还将长江公司的12.43万磅原料,以低于市价一半的价格救援停工待料的会员厂家。直接购入国外出口商的原料后,他又把长江本身的配额20万磅原料,以原价转让给需求量大的厂家。危难之中,得到李嘉诚帮助的厂家达几百家之多。

成功学大师戴尔·卡耐基说:"专业知识在一个人成功中的作用只占15%,而其余的85%则取决于人际关系。"人脉等于钱脉,关系就是能力。李嘉诚救人危难的义举,为他树立起崇高的商业形象,结下大笔善缘,为他日后发展大业、赚大钱埋下伏笔。试想一下,一个被称为"救世主"的人,谁不愿意和他做生意?

商人要以忠厚为本,你只有对人诚恳才能给人以信任感,建立起长久的买卖关系,赚到大钱。一个成功的商人必定是君子,而不是小人。猴精鬼灵之人,不适合经商,就算小有成果,也不过是一些蒙骗人的小把戏,终究得不到他人和社会的信任。

古人云:"投之以木桃,报之以琼瑶。"养成真诚待人的习惯,建立人脉网,这样你在事业上才能获得更多的真诚帮助。

3. 让人由衷地喜欢你本人,敬佩你本人,而不是你的财力

成功的商人身边少不了溜须拍马、阿谀奉承之人,虽说那些话比较中听,却言不由衷,说狠点,它不过是一些唯利是图的小人"见财倾心"的手段,财往哪边吹,人就往哪边倒。甜言蜜语会混淆视听,将事实颠倒黑白,若你不想一败涂地,就必须清楚一个事实:买卖做得好不代表做人做得好,只有两者都成功,才称得上是真正成功的人。

比起做买卖,做人反而更难。李嘉诚说过:"做人最要紧的,是让人由衷地喜欢你、敬佩你本人,而不是你的财力,也不是表面上让人听你的。"李嘉诚之所以被称为最成功的人,不仅是因为他拥有巨额的财富,同时,他还赢得了众人真正的尊重。

李嘉诚之所以能够成功地领导他的商业帝国,除了自身能力,还因为他本人赢得了员工的真心跟随。许多人乐于投身李嘉诚旗下,看中的不仅仅是高薪,还有他个人散发的独特魅力,以及卓越的领导才华。

部分经商者认为"有钱能使鬼推磨",高薪就能聚集人才。不错,薪水

是个重要因素,但它对企业起不到承上启下的作用。把员工当作机器,是很失败的领导方式。对现代企业而言,工作顺心,远超过高薪的魅力,它成为很多人才去留的衡量标准。

李嘉诚诚恳待人、与人为善,使很多客商蜂拥而至,积极主动寻求跟他合作的机会。他与员工之间亦师亦友,努力为员工营造快乐的工作环境,与众人在相处中建立互信互助的企业文化,员工诚心跟随于他,从而众志成城,打造出一支战斗力超强的团队。

商道上讲究信义,所以做人要豪爽。即使不豪爽,也要憨厚。处处耍小聪明,终成不了大气候。用钱财控制他人喜好,到头来只会众叛商败,由衷地让人喜欢、让人敬佩,才是做人的成功之处。

李嘉诚的身上有着众多良好的品质,如:善良、谦恭、随和、助人为乐等等。这些良好的品质使他成为一个有修养的人。他正是凭借着自己独特的人格魅力,征服了自己的员工,也征服了生意场上的对手与朋友,成就了自己的人生。

有人常说,李嘉诚的成功是由于幸运。其实,谁都了解,仅凭幸运成不了商场中的常胜将军,李嘉诚靠的是他的良好素质。他并没有因为成功而高高在上,依然坚守着做人的本分,积极努力地为社会作贡献。

李嘉诚并没有把赚来的钱花天酒地,而是用在了慈善事业上:创办汕头大学,向各种慈善机构捐款……对于慈善事业他向来是一掷千金。李嘉诚将名下基金会称为"第三个儿子",有一次他在集团业绩公布会上表示,基金会过去已捐出近八十亿元,未来还将有巨资投入,"直到有一天,基金一定不会少于我财产的三分之一"。

李嘉诚在生活上向来非常小气,但是在慈善事业上却十分大方。他的善举为他赢来了全社会的赞扬,不论日后他的生意会怎样,他本人将永远被世人记住。

商场如战场,若你精明、老练、会算计,虽能获利,却危机重重。靠财力赢得他人恭维,是暴发户的本质,他们满足一时虚荣,恐被小人钻了空子,利用自己的财力达成一些目的;精明的商人在注重事业的同时,更注重人心所向。让别人敬佩你,对你折服,才是真正的精明。

4. 不能为了防备极少数坏人连朋友也拒之门外

商场如战场,其中的尔虞我诈,令人防不胜防。小人无孔不入,再精明的商人,也要提防。但与人合作,表现得太精明,会招人厌恶、反感,使个人表现得毫无诚信,使企业失去合作伙伴与员工,无法启动远大的征程。提防坏人,猜忌朋友,怀揣疑心,必然会使自己众叛亲离。

李嘉诚说:"坏人固然要防备,但坏人毕竟是少数,人不能因噎废食,不能为了防备极少数坏人连朋友也拒之门外。更重要的是,为了防备坏人的猜疑,算计别人,必然会使自己成为孤家寡人,既没有了朋友,也失去了事业上的合作者,最终只能落个失败的下场。"

当年李嘉诚想要与华资财团再次联手合作,吞并狮子置地。但是,当时许多财大气粗的华商大豪都跃跃欲试。

多位大老板纷纷前往拜访西门。西门既不彻底断绝众猎手的念头,又高悬香饵,惹得众人欲罢难休,欲得不能。

据说,李嘉诚也曾拜访过西门·凯瑟克,表示愿意以每股17港元的价格收购25%置地股权,这比置地10港元的市价要高6元多。虽然西门·凯瑟克对这个出价仍不满意,但他也未把门彻底堵死,他说:"谈判的大门永远向诚心收购者敞开,关键是有双方都可接受的价格。"于是,李嘉诚等人与凯瑟克继续谈判，双方一直很难达成一致。

李嘉诚在谈判中不想表现得太积极，也许是他的性格使然。所以，同收购港灯时一样，他有足够的信心等待有利于他的机遇降临。

不久扶摇直上的香港恒指，受华尔街大股灾的影响，突然狂泻。1987年10月19日，恒指暴跌420多点，被迫停市后于26日重新开市时，再泻1120多点。股市愁云笼罩，令投资者捶胸顿足，痛苦不堪。股市大亨们为求自保，谁也没有能力再参与这场股市大收购了。置地股票跌幅约四成，令西门寝食难安。

1987年李嘉诚"百亿救市"，之前证券界揣测，其资金用途将首先用做置地收购战的银弹，但李嘉诚并没有落井下石。

收购虽没能成功，但李嘉诚认为，投资不可以意气用事，关键时刻，帮助别人就等于帮助自己，生意场上只有对手，没有敌人，这也许是真正投资家的做法。在这个意义上，可以说李嘉诚放弃收购"百亿救市而又退出"是一种胜利。

防人之心不可无，但生意要做，便不能将朋友拒之门外。人脉关系是生意场上的制胜法宝，在广结天下朋友之时，即便有些小人见缝插针，那也微不足道。

"谁是我们的敌人？谁是我们的朋友？这个问题是革命的首要问题。"成功的前提离不开良好的处世哲学和用人之道。在李嘉诚看来，同客户、下属之间建立良好融洽的关系，大家才能卖力工作，在生意上出力。无论买卖做得好不好，只要人际关系处理恰当，便不会因"一粒老鼠屎坏了一锅粥"，相反你个人的警惕、怀疑、排斥会将整锅粥打翻。

你在商场上小露头角后，免不了会被"有心人"盯上，让其鱼目混珠，混在你的朋友中想谋财路，或者想占些便宜、分一杯羹，这很常见。商场里，只要有共同的利益，人人都可以合作，就算对方不安好心，你顶多不把他当朋友,但千万别树敌。

李嘉诚曾说:"最简单地讲,人要去求生意就比较难,生意跑来找你,你就容易做。一个人最要紧的是,要有中国人的勤劳、节俭的美德。最要紧的是你自己节省,对人却要慷慨,这是我的想法。讲信用、够朋友,这么多年来,差不多到今天为止,任何一个国家的人,任何一个不同省份的中国人,跟我做伙伴的,合作之后都能成为好朋友,从来没有一件事闹过不开心,这一点是我引以为荣的。"

经商同样奉行"朋友多了路好走",真正精明的商人与掺杂在朋友中的坏人保持着微妙的关系,纵使对方想占点小便宜,也不会太在意,睁只眼闭只眼,比摊牌或者落井下石,搞得损伤严重好得多。朋友的眼睛是明亮的,他们会因此佩服你的为人,愿长久与你交涉,带来更多生意上的帮助或合作机会。

要立足、要生存、要发展,就要同舟共济,就必须多结交朋友,少树敌人。与人为善才能建立融洽的关系,广开财路。

5. 如果你不过分显示自己,就不会招惹别人的敌意

商界一些新起之秀对那些有钱、有势、有地位的老牌大亨"夹着尾巴做人"表示不耻,认为对那些下属或企业太谦和,有失身份。其实不然,"夹着尾巴做人"正是那些成功人士能长盛不衰、受人拥戴的关键。

李嘉诚说:"保持低调,才能避免树大招风,才能避免成为别人进攻的靶子。如果你不过分显示自己,就不会招惹别人的敌意,别人也就无法确定你的虚实。"

再成功的商人,再具有丰功伟绩,在面对纷繁复杂的社会时,也要保持一定的低调。有道是"地低成海,人低成王",低调做人不仅是一种境界,一种风范,更是一种思想,一种哲学。

李嘉诚的一生可谓传奇,"华人首富"、"救世主"、"房产大亨"、"慈善大王"等名头铺天盖地,但他却依然保持谦逊的态度,不颐指气使,低调行事,对任何人态度都很和善。

据著名广告商林燕妮回忆,在以前,香港的广告商基本上都是主动寻找客户,寻求合作,客户根本不用担心会找不到好的广告公司。所以,很多企业总是盛气凌人,根本就不把广告商放在眼里。

一次,林燕妮到长江实业的总部洽谈生意。令她没想到的是,李嘉诚想得十分周到,派服务员在地下电梯门口等待,把林燕妮等人接到楼上。由于那天下雨了,林燕妮被雨水淋湿,李嘉诚看到这种情形,连忙帮着她脱下外衣,并亲手挂在旁边的衣架上,根本没有大老板的做派。

虽然李嘉诚有了自己的事业,而且做得相当成功,但是他从来不会对人摆架子。无论对待生意上的合作伙伴,还是对待身边的员工,李嘉诚都平易近人,为人处世之道让各方都满意。这帮助他在生意上取得了更大成就,使他的事业蒸蒸日上。

古语有云:"木秀于林,风必摧之。"一个人取得成功,或者身在高处,难免遭人忌妒。只有行事低调,才能避免树大招风。过分显示自己,只会遭到敌视,生意不会长久。

李嘉诚是个宽厚且开明的父亲,虽然他看不顺眼儿子的打扮,但他并不强求更正。他希望儿子有出息,至于个人的生活品味和作风,只要不太出格便可。李泽楷没有接受父亲的安排,担任和黄公司总裁,而是自立门户,对此李嘉诚显得很宽纵:"年轻人到底有自己的理想,和黄管理层有人手,我不会强迫他。"李嘉诚赠予李泽楷的一句箴言是:"树大招风,保持低调。"

20世纪80年代,李嘉诚成了货柜码头大王。葵涌集装箱港6个码头中,有3个归李嘉诚所有,另外3个码头由其他集团经营。1988年4月,李嘉诚以44亿港元在政府招标中投得7号码头的经营权,该码头有3个泊位。

两年后,国际货柜码头、现代货柜码头两家公司与中国航运公司联合投得8号码头,该码头有4个泊位。随着香港经济的迅猛发展,国际航运越来越集装箱化,葵涌现有和兴建中的码头越来越难以满足航运业的需求,9号码头的选址及招标工作已经推上了议事日程。

李嘉诚对这次招标非常有信心,凭借他的实力,拿下这次招标不成问题。然而,政府将9号码头的招标方式由公开招标改为协议招标,9号码头的4个泊位,批给了英资怡和与华资新鸿基等财团兴建经营。

当时的舆论界普遍认为,这是港府有意削弱李嘉诚在货柜码头上的垄断地位,但李嘉诚对此未表示出丝毫不快。

李嘉诚为人谦虚谨慎。他曾经有感而发:"在看苏东坡的故事后,就知道什么叫无故伤害。苏东坡没有野心,但就是被人陷害了,他弟弟说得对:'我哥哥错在出名,错在高调。'这个真是很无奈的过失。"

面对失利,李嘉诚常自我反省:"坎坷经历是有的,心酸处亦不计其数,一直以来靠意志克服逆境;一般名利无法对内心形成冲击,自有一套人生哲学对待;但树大招风,是每日面对之困扰,亦够烦恼,但明白不能避免,唯有学处之泰然的方法。"

成功的商人,贵在不因利益、权势地位,变得目中无人,盲目自大。人太出名好比猪太壮,迟早会被贪婪的人盯上,将你的全部利益扼杀于"腥风血雨"的商场。"夹着尾巴做人"不是卑躬屈膝,而是事业有成也要保持低调。人没有高低贵贱之分,待人诚恳、不摆架子,就不会与他人产生"隔离感",有钱有势也不可骄奢淫逸、大肆挥霍,低调谦逊会使你摆脱骄傲自大和无知,是你的生意做长做久的重要原因。

6. 私下忠告并指出我们错误的人,才是真正的朋友

做好生意,免不了需要朋友帮忙的时候,但朋友与朋友之间存在一定的差异,你与其中大部分人纯属利益合作的关系,但这之中不缺乏真朋友。

李嘉诚认为,一个人本事再大、能力再强,如果身边没有提出中肯意见的朋友和生意伙伴,那么注定做不成大买卖,要想持续成功也是一种奢望。

那些在酒桌上对你称兄道弟,等你事业有成便三天两头找你,遇到困难就不知踪迹之人,只是因利益驱使而暂时与你组合的"伙伴",不是真正的朋友。

高尔基曾说:"真正的朋友,在你获得成功的时候,为你高兴,而不捧场。在你遇到不幸或悲伤的时候,会给你及时的支持和鼓励。在你有缺点可能犯错误的时候,会给你正确的批评和帮助。"

"忠言逆耳利于行",李嘉诚指出,那些私下忠告我们、指出我们错误的人,才是真正的朋友、真正爱你的人。

再精明强干的商人,也有出错的时候,李嘉诚从一个穷小子变成商界精英,离不开朋友的帮助。"当局者迷,旁观者清",有人能站出来,指出

你的错误,给你忠告,你才会在商场上走得越来越顺畅。

　　早年,李嘉诚从事推销工作,这不仅让他锻炼了自己的商业头脑,丰富了商业知识,还使他结识了很多好朋友。推销时,他往往先不谈生意,而是建立友谊,友谊长在,生意自然不成问题。他结交朋友,不全是以客户为选择标准。俗话说"人有人路,神有神道",今天成不了客户,或许将来会是客户;自己做不了的客户,他会引荐给其他的客户。即使促成不了生意,帮着出出点子、叙叙友情,也是一件好事。此后,李嘉诚开始创业,从办企业,到生意一步步发展壮大,都离不开这些朋友的点拨与提携。

　　由于待人诚恳、热情,李嘉诚很有人缘,身边的朋友都主动帮助他。有时候,看到李嘉诚在商业上有错误决策,朋友们都会主动提出来,而李嘉诚也会虚心接受。

　　朋友再多,也要分清真情实意,遇到难题,你所能信赖的也只有那为数不多的几个人,商场并非真无情,但"平时不烧香,临时抱佛脚"的态度不可取。人单力薄,若想在商场耕出一番天地,必须有几个能够推心置腹之人出谋划策,古人虽说"君子之交淡若水,小人之交甘若醴",要分清君子、小人或挚友,就看他是否曾救你于为难,是否顶着被你责怪的风险进良言。

　　朋友不难找,只要你事业有成,朋友便会从四面八方纷至沓来,但真心好友却是难寻,若遇到那些能在私下批评你所作所为有过失之人,一定要珍惜。对方不会在公共场合对你严厉批评,说明对方顾及你的颜面,真正为你考虑。虽然私下里,他们的忠告或者建议有时也会让你下不了台,但这些忠告有可能对你的经商或多或少有些帮助,有时候甚至能挽回一个致命的错误。

　　真正的朋友讲究肝胆相照、荣辱与共,在任何情况下,他都不会舍你而去。但你也不能只讲索取、不讲回报,需要朋友帮助的时候热忱相待,不用的时候马放南山。与朋友保持日常联系并不难,也不会花费你过多的时间和精力,试着把这种联络做为一门日常功课,你就能获得"众人拾柴火焰高"的预期效果。

真正善于利用关系的人都有长远的眼光,能早做准备,未雨绸缪。那些私下忠告并指出我们错误的人才担得起"真朋友"一词。他们为你着想,才甘冒不韪。多一位真朋友,便多一分视角,商人再精明也有疏忽之时,真朋友会义不容辞地站出来,帮你解决掉这些暗藏的危机。这样的朋友,你应该紧紧抓住,好好地跟他们相处,多从他们那里得到忠言。

7. 跟我合作过的人都成了好朋友

经商之人大都遵从一个道理:买卖不成仁义在。建立合作关系,才可打开生意之门,商界胜负,以获取利益多少为定断。因此,签署合作合同,并不意味诸事会一帆风顺。一些买家与卖家会因为多挣取一份利益,争得面红耳赤,甚至鱼死网破。

香港《文汇报》曾刊登了一篇李嘉诚专访,主持人问道:"俗话说,商场如战场。经历那么多艰难风雨之后,您为什么对朋友甚至商业上的伙伴,都十分的坦诚和友善?"李嘉诚答道:"最简单地讲,人要去求生意就比较难,生意跑来找你,你就容易做。"

李嘉诚助包玉刚购得九龙仓,又从置地手中购得港灯,还带领华商众豪"围攻"置地,却并没有为此与纽壁坚、凯瑟克结为冤家而不共戴天。

每一次商战之后,他们都联手发展地产项目。

李嘉诚说:"要照顾对方的利益,这样人家才愿与你合作,并希望下一次合作。即使在竞争中,也不要忘了想一想对方的利益。"追随李嘉诚多年的洪小莲,在谈到李嘉诚的合作风格时说:"凡与李先生合作过的人,哪个不是赚得盆满钵满!"

在聪明的生意人眼里,处处是商机。人际关系是经商者最基本,也是最需要掌握的投资。有些短期内看似不重要的人和事,从长期看就可能很重要。所以我们要常常能把钱适时地投在人才上面,投在一些比较有能力的朋友身上,那么回报必定远远超过投入。

生意场上也无法避免争执,嘴唇与牙齿也有互相冒犯的时候,但商场上很忌讳结成仇敌,长期对抗。有位商界老手曾说:"商场上没有永远的敌人,只有永远的朋友。"今天因为利益分配不均或为一笔生意争执而两败俱伤的人,说不定明天就会携手合作。有经验的商家总是在谈判时摆出一副坦诚的样子,即使买卖谈不拢,也会把手伸给对方,笑着说:"但愿下次合作愉快!"

善待他人是李嘉诚一贯的处世态度,因为,商场上树敌太多是经营的大忌,尤其是当仇家联合起来对付你,或在暗中算计你时,纵使你有三头六臂,也难以应付。

商场充满尔虞我诈、弱肉强食,关于善待他人这点,不少人认为是不可能的事。但在李嘉诚看来,善待他人、利益均沾是生意场上交朋友的前提,诚实和信誉是交朋友的保证。"一个篱笆三个桩,一个好汉三个帮","在家靠父母,出门靠朋友",做生意要重视人缘,善于发展朋友关系,大家开开心心,才能都有利可图。

李嘉诚的人缘之佳在险恶的商场创造了奇迹。在生意场上只有对手而没有敌人,不能不说是个奇迹。

李嘉诚能够让每一个与他合作的人都成为他的朋友是其做人的胜利。他认为,商业合作应该有助于竞争。联合以后,双方竞争力会自然增强,对付相同的竞争对手则就更加容易获得胜利。但是当取得胜利后,一方不能摆脱另一方,独自享有胜利的果实,那样,合作关系就会破裂,合伙人就会变成仇人。

做生意,必须要与人合作,但合作关系不只要互惠互利,更要共渡难关。在出现问题和危机时,你决不能抛开合伙人。

古语说:"天下熙熙,皆为利来;天下攘攘,皆为利往。"千百年来,商人们遵循一个宗旨:无利不起早,即没有利润的事情是商人们所不愿意涉足的。因此,李嘉诚在生意合作中总是抱着"分利于人,则人我共兴"的态度,与他人积极合作。

有句话说得好,财散人聚,人脉需在合作中不断积累,利益共享,才会赢得信赖、聚集人心,如此你的业务范围、合作伙伴才会越聚越多,生意才会越做越大。与人分利、诚实经商,是李嘉诚获得成功的重要秘诀。因此,想要把握人脉,扩充经营范畴,你就要善于将自己的合作人由一次性的利益同盟变成长期的合作伙伴,变为朋友。

8. 做人当重情重义,舍利取义得人心

做人当重情重义,商场再如何黑暗,也不可丢了"情义"二字。虽说"同行是冤家",每个人都是为了赚大钱而来,但商场竞争的不仅仅是金钱,还有"交情"。

聪明的商人会在激烈的市场竞争中掌握一套必胜法则:同行需一起

发财,保持友情,生意才可做大,做长久。说白些,就是要在金钱利益上有所取舍。

一些商人不肯吃亏,为一些无关轻重的小利益与对方争得不可开交,最终不欢而散,到头来捡了芝麻丢了西瓜。聪明的商人懂得将生意做活而不是做死,斤斤计较、锱铢必较,最后失去的往往是大利益。古人云,"有得必有失,有失方有得",利益同样尊崇这句话。

有一次,记者问小巨人李泽楷这样一个问题:"你父亲教了你一些怎样成功赚钱的秘诀?"李泽楷回答道:"赚钱的方法其实父亲什么也没有教,只教了自己一些做人的道理。"

李嘉诚做生意总会让出几分利,无私地把一些本来可以自己占有的好处让给对方。因此,很多人清楚,和李嘉诚合作绝不会吃亏,所以更加愿意主动与他合作。

当对方清楚,同你做生意绝对比同其他人做生意能获取的利益更多,而且不是一两次,对方便不会心生他意,舍你求他,这好比薄利多销,你的生意只会越做越大,财富只会越积越丰厚。

跟李嘉诚做过生意的人都会说他有情有义,总是以对方利益为先。如此,李嘉诚不仅赢得了人心,更为事业的发展带来了巨大的好处。

在事业逐渐上升的时候,李嘉诚决定让自己的上市公司转变为自己私有的公司。事实上这是一个退市的过程,是另外一种形式的收购。在这个过程中需要解决那些小股东的问题,这个问题处理不好,事情肯定不能顺利解决。

如果换做其他人,肯定会在股市低迷的时候以最低的价格进行收购,但是李嘉诚没有这么做。

1984年，中英就香港前途问题的联合声明签订后，香港投资气候转晴，股市开始上扬。1985年10月，李嘉诚宣布将国际城市有限公司私有化，出价1.1港元，较市价高出一成，亦较该公司上市时的发售价高出0.1港元。对于这种价格，小股东自然是大喜过望，纷纷接受收购。李嘉诚这次提出私有化，处于牛市之时，所以付出了较高的收购代价。

很多人认为李嘉诚看走了眼，没有在最有利的时机进行收购。事实上，李嘉诚之所以在这个时候选择收购，就是为了照顾小股东的利益，他不愿意趁股市低迷时收购，因为如此会使小股东受到损失，对他们不公平。李嘉诚这种做法，赢得了商界的普遍赞誉。

商人以利为重，但是不能见利忘义。做生意不仅靠精明的计算，还要靠良好的商誉。总是照顾对方的利益，在利益面前让三分，才能获得更多的支持，赢得更多的利益。总喜欢捡小便宜的商人，最终会失去大利益，永远不可能做成大生意。

一些人自作聪明，将损人利己当成本事，殊不知，懂得照顾别人的利益，才是真正的智慧。李嘉诚能从一个身无分文的打工仔，做到拥有数千亿资产的商界大亨，靠的不仅仅是勤奋刻苦与运筹帷幄的商业头脑，更取决于他一直将朋友的利益放在最重要的位置，重情重义。

成功的商人依然具备大仁大义，难能可贵。和气生财，同行之间不应恶斗，即便与对手发生过激烈竞争，在必要的时候你也应该放下身段，握手言和，这是经商的大智慧。

舍小利而赢大利，才是成功的为商之道。世界上没有永恒的敌人，也没有永恒的朋友，只有永恒的利益。

9. 从不害人，乐于助人

害人之心不可有，助人之心不可无，在商求利，也不可为了利益起私心，做出违背良心，损人不利己的事情。商人必须遵从一定的职业道德，谨记"善有善报，恶有恶报"这条祖训。

做生意想广求门路，最重要的还是累积人脉关系。人遇到困境需要帮助，生意遇到瓶颈，同样需要帮助。荷花虽好，也要绿叶扶持。关汉卿说过："与人方便，自己方便。"获得帮助的前提是，你必须秉承善念，帮助他人，以助人为乐作为积累善缘的投资。

在人生际遇上，人缘和朋友显得尤其重要。李嘉诚的朋友多如繁星，几乎每一个与他有过一面之交的人，合作过的人，都会成为他的朋友。

有远见卓识的经商者，明白欲取先予是经商的一大谋略。只有懂得施予，才能真正获得。"锦上添花"式的施予固然可以让人称道，但"雪中送炭"更能使人铭刻在心。助人为乐，不是上嘴唇碰下嘴唇那么简单，高手可以名利双收，拙者可能费力不讨好。

从1977年起，李嘉诚先后给香港大学等几家教育机构及基金会捐款5400多万港元。1984年，他捐助3000万港元，在威尔斯亲王医院兴建一座李嘉诚专科诊疗所。1987年，他捐赠5000万港元，在跑马地等地建立了三间老人院。1988年，他捐款1200万港元兴建儿童骨科医院，并对香港肾脏基金、亚洲盲人基金、华东三院捐资共1亿港元。

1986年，香港大学校监、港督尤德爵士授予李嘉诚名誉博士称号。1989年元旦，李嘉诚获英女皇伊丽莎白颁发的CBE勋爵及勋章奖章。

李嘉诚广而无私的善举为他一再赢得赞誉，这不仅仅体现了李嘉诚高尚的道德情操,还对他的事业起到了极大的帮助。当然,李嘉诚的善举纯粹是出于一颗关爱之心,作为商人,要谨记"沽名钓誉"是最为世人所厌恶的,真心真意帮助他人,才可名利双收。精明的人如果能把精力适时地投在身边的朋友上面,遇到困难的时候就能获得朋友的帮助,收到的回报必定远远超过投入。

互帮互助是李嘉诚一贯的处世态度,即使对竞争对手他亦是如此。李嘉诚认为,合作有助于竞争,互相帮助有助成功。与他人联合以后,成功的概率自然会增大,遇到同样的问题则更加容易解决,更容易获得胜利。

铭广亮只身一人去南斯拉夫创业,仅仅5年的时间,就先后带出200多位朋友去南斯拉夫做小商品批发生意。

一次,铭广亮和他的妻子一起报团旅游。途中,邻座的一位教授不慎丢失了钱包,万分焦急。身无分文的教授正在左右为难之时,铭广亮掏出2000元塞到教授的手中,说:"出门也挺难的,这些也不多,您先用着。"

那教授十分感动,询问铭广亮的姓名和地址,表示一定会寄还这些钱。铭广亮笑笑说:"不用还的,这也是缘分,就算交个朋友吧。"

那教授也不好再推辞,就递上了自己的一张名片,铭广亮这才知道,这位老先生是位地质专家,姓王。两人从此一直都有联系,常常书信来往。

后来,那教授参与勘探的一地区地层有蕴藏的矿,他给铭广亮提供了相应的信息,为铭广亮带来了新的商机。

李嘉诚曾说:"对其他需要你帮助的人有贡献,这就是内心的财富,是真财富。如果是金钱的财富,你今天可能涨,明天又可能掉下去。但你帮助了人家,这个是真财富,任何人都拿不走。"

《战国策》上有:"以财交者,财尽则交绝。"而《史记》如是说:"以权利合者,权利尽而交疏。"《诗经》则说:"投之以木瓜,报之以琼瑶。"孟子云:"敬人者,人恒敬之;爱人者,人恒爱之。"互相帮助是一种充满人情味的社会温情。

助人为乐绝非毫无回馈的义举,其会使你在名利双收的同时,得到一些有心人的关注与合作。

第五课

眼界:高瞻远瞩延续财富神话

　　一些人高瞻远瞩,把握时机,财富大发;一些人目光短浅,急功近利,下错了赌注,倾家荡产。李嘉诚常常教育子女:投资者要有远见,能高瞻远瞩,以大局为重,"不为浮云遮望眼"。企业领导必须具有国际视野,能全景思维,有长远眼光,务实创新,掌握最新、最准确的资料,作出正确的决策、迅速行动,全力以赴。

1. 如果说我得到了"成功"的东西,那是我走了人家不敢走的路

　　世界上的生意人不外乎三种:第一种是跟着潮流走的人;第二种是比较早发现趋势之人;第三种是引领潮流之人。显而易见,商家都喜欢以第三种人为奋斗目标。企业能否与时俱进,不断创新,不断成功,获取最大利润,关键看它能否适应市场发展的需要。李嘉诚说:"如果别人认为

我得到叫作'成功'的东西,那就是我走了人家不敢走的路,尤其是走人家所走的相反的路而得来的。"成功在于你在别人不敢涉足的领域勇于闯荡,开辟出一条新路。

现今,小学生都清楚长大后要挣钱,但如何才能站在社会这个金字塔的尖峰上,恐怕当今一些商人也不是很清楚。

大多数商人明白"经营同一种产品的人越多,竞争越大,要超越会难上加难"。当生意处在这种情况下,商家就应该意识到寻找经营空白,开拓新兴市场,敢想也要敢做,这是取得更大成功的前提。

李嘉诚经过周密调查发现,每一个国家和地区,所种植的花卉不尽相同,而目前香港生产的样品,太意大利化了,并不符合大众消费者的喜好。

之后,李嘉诚去国外进行考察研究,并带回几大箱塑胶花样品和资料。当时,长江塑胶厂的骨干们看到这些样品后,都为这样千姿百态、栩栩如生的塑胶花拍案叫绝。

后来,李嘉诚决定以塑胶花为主攻方向,一定要使其成为本厂的拳头产品,使长江厂更上一层楼。李嘉诚认为塑胶花工艺并不复杂,因此,长江厂的塑胶花一面市,以适中的价位迅速抢占香港的所有塑胶花市场,一举打出长江厂的旗号,掀起新的消费热潮。

事实果如李嘉诚所料,物美价廉的销售路线,让大部分经销商都非常爽快地按李嘉诚的报价签订供销合约,有的经销商为了买断权益,主动提出预付50%订金。

当初,李嘉诚认为要想在塑胶行业立于不败之地,必须大胆创新,设计全新的款式,不拘泥植物花卉的原有模式,走出一条别人不敢走的路。他敢想敢为,洞察先机,快人一步研制出塑胶花,填补了香港市场的空白，一跃成为香港塑胶花大王，引领新兴塑胶花潮流。

敢走他人不敢走的路的前提是必须正确估量出抉择中的风险，敢冒险，但不能鲁莽行动。想做大生意，赚大钱，所承担的风险自然也很大，但精明的商家不会去冒无谓的险，像股票那种单凭一己之力无法力挽的事，胆子越大恐怕吃亏越多。李嘉诚敢于冒险的背后，是对风险进行缜密分析，提出周到的应对策略。因此，即使你找到风险的突破口，也不能急于冒进。

商家必须清楚市场永远充满活力，但要从中突破，需要换种思路想问题。与形形色色的人接触，了解各个行业的特点，观察商业世界中的竞争趋势，才能把握住商机。要跟潮流走，就始终要顶着莫大的压力，赚取蝇头小利，那些成功的企业常常逆流而上，"鱼跃龙门"，一跃冲天。

20世纪60年代香港出现降价抛房卖地热潮，当各大商户急于外放之时，李嘉诚竟"逆水行舟"，大肆购地买楼，大兴土木。不久之后，香港地价竟直线上涨，此事为李嘉诚日后的地产霸业奠定了坚实的基础，而其他商户则是大跌眼镜，痛悔不已。

做生意遇到重重困难或挫折时，似乎已是"山穷水复疑无路"，若此时能从"反面"去思考，说不定会"柳暗花明又一村"，令你茅塞顿开，所谓"塞翁失马，焉知非福"正是此理。

海尔集团总裁张瑞敏曾说过："只有淡季思想、没有淡季市场，只有疲软的思想、没有疲软的市场。"做生意，必须具备商业头脑、市场意识，不可顾虑重重，要解放思想，大胆想、大胆做，突破禁忌，才会发现遍地都是财富。

李嘉诚的商业思想非常自由，丝毫不受世俗观念的约束，从塑料花开始创业到后来的房地产，只要有钱赚，就是一门好买卖。做生意不应该有禁忌，不能给自己预先设定限制。

在经济全球化、资讯网络化时代，如果抱着种种禁忌不放，对商人来说不但可怜、可悲，也很危险。商人最大的优势就是思想开放，能够灵活适应形势变化。中国有句古话叫"出其不意，攻其不备"，在生意场上商人时刻要面临同行的经济打压，硬碰硬只会两败俱伤。出奇制胜的关键是别出心裁，走常人不敢走的路，做常人不敢做的事，从中悟出商机，一举创造出非凡的功绩。

2. 嗅觉敏锐，才能将商业情报作用发挥到极致

商场上的经营策略会随着时代以及潮流的变化层出不穷，聪明的商人往往最先把握住机遇，将得到的商业情报发挥到极致，为自身创造更多财富。李嘉诚曾说："精明的商人只有嗅觉敏锐，才能将商业情报作用发挥到极致，那种感觉迟钝、闭门自锁的公司老板常常会无所作为。"

创业就是要创造无尽的财富，聪明的商家必须做出正确及时的判断并采取行动，财富才会源源不断。而一个鲁莽的商人必会因为一个错误的决定损失惨重，甚至一败涂地。同一项商业情报会在不同的商家手中变幻出不同的营销策略，而最大的赢家往往是其中嗅觉敏锐，能够掌控市场走势之人。

李嘉诚之所以时时刻刻走在时代的前端，只因他对香港本身及周围的市场环境，特别是对祖国大陆的经济发展趋势，了解甚多，眼光卓越，颇有远见，时刻保持前瞻性关注是他不断获取财富与成功的关键。

1972年，股市大旺。李嘉诚借此大好时机，让长实骑牛上市。长实股票以每股溢价1港元公开发售，上市不到24小时，股票就升值1倍多。

1973年股灾爆发,恒生指数暴跌至低点。1975年3月,股市形势好转,但此时深受股市之灾的投资者却驻足观望,不敢贸然行事。李嘉诚看到了股市的升值潜力,对此情报经过一番研究后,在当时低迷不起的市价基础上,安排长实发行2000万新股,以每股三四港元的价格出售,并宣布放弃两年的股息,他的做法获得了股民的欢心,长实股以惊人的速度升幅,李嘉诚所获得的实利远远超过了他所放弃的股息。

现代商业竞争,表面是售货量的较量,实则是商业情报的较量。将商业情报发挥到极致,离不开当事人敏锐的商业嗅觉和出色的判断力。

马云曾说:"成功者必须具备两种品质,一是大胆执着的性格,二是对市场的敏锐嗅觉。"对商业情报麻木迟钝,只看到眼前利润,没有远大卓见,对市场变化不敏感的人,注定会错失良机。李嘉诚的成功,赢在敏捷的反应上,赢在从容不迫地把握住一次又一次稍纵即逝的商机。

1985年,李嘉诚抓住卖家置地公司急于脱手减债的心理,以比前一天收盘价低1元的价格买进,即每股6.4港元,成功收购了港灯34%的股权。仅此一项,他就节省了近4.5亿港元。6个月后,港灯市价涨到8.2港元一股,李嘉诚又出售港灯一成股权,结果净赚2.8亿港元。

有情报出现,必定会有不菲的赢利点,经营者必须保持冷静的头脑和敏锐的洞察力,才能正确地预测事物的发展趋势,否则会因头脑发热或对未来的情景悲观失望,而作出错误的决断,这很容易使企业陷入难以逆转的困境,不能自拔。

一些成功的企业家,一旦发现商机,便会谋定而后动,形如狼态。狼嗅觉犀利是公认的,一旦锁定目标,必定死死盯住。要成为一名成功者就必须以狼的敏锐嗅觉,去审视市场,发现危机与机遇。市场不断运行,即便最微小的动态也可能影响到整个策略。精明的商家很清楚:运用好敏锐的嗅觉才能很快找到猎物,并向目标不断前进,从而占领主战场,创造出一流的业绩。

机会对每个人都是平等的,成功的关键在于你如何去发现、挖掘和把握。只有具备了敏锐的洞察能力,将所收集的情报发挥到极致,才能做到知己知彼,找到新市场,找到成功。

现代科技发达,网络可将一条信息瞬间散播全球,非常迅速。对于商人来讲,我们必须以最快的速度掌握最新的新闻和事件,不断充实自己,才能追上瞬息万变的社会,寻找商机,争取更大的胜算。"信息灵,百业兴",靠信息发财,是做生意必不可少的法宝。那些在商场有所建树的商人和企业家,都是反应机敏、善于捕捉商机的高手。

3. 当所有人都冲进去的时候赶紧出来,所有人都不玩了你再冲进去

一些商人奋斗一生却毫无结果,而有些商人牛刀小试却取得巨大的成功,造成这种区别的关键是商人对随波逐流的掌控度。市场好比风云,千变万化,一旦出现热门商路,往往使很多人趋之若鹜,一哄而上,跟着干。聪明的商家很清楚,一种商品或者项目的市场容量总有一定限度,太多人热衷于一门生意的话,市场会很快饱和,自然没什么财路。

想发财致富,想成功,有好项目是必然,怕就怕"一石激起千层浪",喝不到水,反弄得一身湿。李嘉诚说:"当所有人都冲进去的时候赶紧出来,所有人都不玩了再冲进去。"做生意必须随着市场的变化而变化,及时调整经营策略,灵活应变。

　　李嘉诚创业初期,所生产的塑胶玩具在国际市场上趋于饱和,他意识到要想生存必须从这个饱和市场中跳出来,否则就会被无情的商场所淘汰。

　　于是,李嘉诚一边进行市场调查,一边了解国际市场的发展动态,希望能找出最受欢迎的塑胶花品种进行大规模生产。当时,在香港生产既便宜又逼真的塑胶花,还是一个"冷门",但李嘉诚却看到了它的市场前景,最后一举成功。

　　"中国绿叶"绿茶公司创始人李友松说:"迎合市场需求只能算是混饭吃,而发现甚至创造市场才算是做生意!没有一个市场是绝对饱和或绝对空缺的,从饱和的市场中发现甚至是创造消费的空缺,那才是一个商人成功的关键!"

　　经商者不能顺着一根捞钱的杆子一爬到底,因为跟风的人太多,杆子迟早折断。创业不标新立异,便赚不到大钱。只有开拓思维,不人云亦云,才能另谋高就。不过,当那些跟风商人看到杆子快折断而纷纷远离时,你再折回去爬,同样能创造出不可小觑的财富。在商人眼里,处处是商机,好马学会如何去吃回头草,方能更快速地填饱肚子。

　　李嘉诚说:"当一个生意有80%人都知道做的时候,你千万不要去做;当一个生意有20%的人知道做的时候你可以去做,但需要努力了。当一个生意只有5%的人知道的时候,你可以去做并且很容易获得成功,因为这就是时机,就看你是怎么把握。"

　　在商界领域,任何一个行业都有它的高潮和低谷,风险越大的项目,其利润越丰厚,做生意要大胆,必要时应放手一搏,但之前一定要认真权衡其中的利弊。

　　当一行处于低谷之时,除了其他一些原因,最重要的原因就是一些目光短浅者纷纷放弃。这时，精明的商家会冷静下来分析行情是否有回转的余地。李嘉诚认为"在别人放弃的时候出手"的关键是要分析出他人放弃的原因，自己接手有没有转败为胜的把握，当然，你不能有图便宜的想法，否则就是收垃圾的行为。

21世纪的商业社会已发生了翻天覆地的变化，以前是"大鱼吃小鱼，小鱼吃虾米"，现在则是"快鱼吃慢鱼，慢鱼被淘汰"。经济学家和教育家约翰·凯说："竞争优势并不取决于你能做别人已经做得很好的事情，而是取决于你能做别人做不了的事情。"

生意人，要学会用心看问题，当某项产业处于低潮，却仍旧向前发展时，其中必有什么被忽略的关键，而低潮也只是暂时的。在了解其中的实质后，你就应该选择"别人放弃的时候出手"，总结其他公司用血的代价得出的经验，这会让你少走很多弯路，以低成本赢取高收益。

征战于商海，你或许做不到最大，但一定要清楚自己的优势所在，做到最强。市场竞争没有弱者的容身之地，你必须努力建立自己的竞争优势，也唯有如此，你才能做到"当所有人都冲进去的时候赶紧出来，所有人都不玩了再冲进去"，才能达到伺机而发，顺势而为的商业境界。

4. 做生意必须具有国际视野，能全景思维，有长远眼光

小商贩永远只会栖居于弹丸之地，一辈子靠一种买卖为生或者随波逐流。既然选择经商，就必须有做大生意的觉悟，"不想当将军的士兵不是好士兵"，同理，不想成为大商家的商人不是"好"商人。

作为一个成功的企业家，李嘉诚做生意已经不仅仅局限于香港或

者国内,而是囊括全世界,有生意的地方就有李嘉诚公司的业务。李嘉诚说:"企业领导必须具有国际视野,能全景思维,有长远眼光、务实创新,掌握最新、最准确的资料,作出正确的决策、迅速行动,全力以赴。"

李嘉诚靠塑胶花起家,而后审时度势转向房地产,逐步走向了多元化发展的道路。每一次跃进,都是跟随市场趋势做出的决策。

即使到了2008年,全球金融危机爆发的那一刻,李嘉诚也没有忘记把握好趋势。美国金融海啸把全球经济推进寒冬,善于审时度势的李嘉诚,决定暂时叫停自己的旗舰公司——和记黄埔的全球业务的新投资。按照规划,2009年年中之前,所有未落实或未作承担的开支都会省下来,公司会审核全部现有投资项目。

从商70多年的李嘉诚,在他负责的商业大战中屡屡获胜,如果没有对市场的深刻理解,对商业发展趋势的准确把握,没有对最新、最准确的资料进行分析,做出正确决策的、并全力以赴地完成,没有勤奋刻苦的努力,就没有李嘉诚如今的商业帝国。

李嘉诚说:"眼睛仅盯在自己小口袋的是小商人,眼光放在世界大市场的是大商人。一个商人能够把生意做多大,取决于他能够看多远。"

就一般人看来,李嘉诚在塑胶行业轻车熟路,应该继续开拓,争做世界塑胶业的泰斗,然而李嘉诚清醒地认识到,世间万事万物都有盛衰定律,要看到世界大市场的发展趋势,才能立于不败之地。

一天,李嘉诚独自驱车到野外兜风,偶然看到原野上农民正忙于耕作,建筑工人正忙于盖房子。李嘉诚不禁豁然开朗,瞬间意识到房地产是一个好产业。

经过一番考察研究李嘉诚得出:1951年,香港人口才不过200万,到20世纪50年代末,已直逼300万。人口增多,使住宅需求量大增,再加上经济的持续发展,市场急需大量的写字楼、商业铺位和厂房。所以,香港长期闹房荒,房屋供不应求。

经过长时间的酝酿,李嘉诚于1958年在繁盛的工业区北角购地,兴建了一幢12层的工业大厦,正式揭开了进军房地产的序幕。1960年,李嘉诚又在新兴工业区柴湾兴建工业大厦。这两幢大厦的面积共计1.1万平方米。从此,李嘉诚便在地产界的发展一发不可收。

做生意最重要的诀窍就是不能只执着于自己的小口袋,要有宽广的国际视野,有远见。当你看清自己所从事的行业已经无法继续成长时,就要准备跨到其他行业去。

"红顶商人"胡雪岩曾经说过:"如果你拥有一县的眼光,那么你可以做一县的生意;如果你拥有一省的眼光,那么你可以做一省的生意;如果你拥有天下的眼光,那么你可以做天下的生意。"

独具慧眼,审时度势,具备全景思维,利用全球资源做生意,对今天的商人来说并不陌生。商人有国籍,但生意无疆界,便捷的通讯和交通手段,使商人如虎添翼,顺应全球化发展趋势,整合全球资源,做名副其实的大买卖。

把蛋放在世界各地的篮子里,既能从各个地区市场中分享增长的利润,也分散了蛋被打破的风险。独特的地域性资源、廉价的劳动力成本、新颖的创造性设计、令人信服的商品质量和独一无二的售后服务,都能产生比较价值和比较优势。

在未来的商业竞争中,善用全球资源的人,才能取得比较优势,获取超级利润。商人需要放眼全球,需要创立世界名牌。谁能成为先觉者,高瞻远瞩,先行一步,把生意做大,有雄厚的资金,把整个世界市场当作一张地图,在各个地区寻找自己的财富来源,谁就能成为21世纪中国商界的佼佼者。

5. 随时留意身边有无生意可做,在司空见惯中找商机

"三百六十行,行行出状元",在精明的商人眼里,天下没有不赚钱的行业,没有不赚钱的方法,只有不赚钱的人。一些人为了赚钱绞尽脑汁,却不知生活中处处是商机。

成功靠的是"商者无域"的智慧。大事业谁都想干,但学会随时随地发现商机很难,成功的企业家从来是走到哪里,就把生意做到哪里。

当初,李嘉诚选择房地产行业,是看重了它的升值潜力,能一夜之间使财富以几何级数飙升。李嘉诚每走一步棋都能比别的商家高出一筹,他曾说:"中国有太多的机会,到处是金矿。"做生意和指挥作战一样,需要审时度势,才能把握时机。李嘉诚认为,精明的商家可以将商业意识渗透到生活的每一件事中,他说,赚钱可以是无处不在、无时不在,要学会在司空见惯中寻找商机。

1984年,当港商乃至外资在中国内地市场的投资完全处于空白时,李嘉诚毅然决定携百佳和屈臣氏进入中国内地的零售市场,成为首个登陆中国内地的外资零售商。

1989年4月,和黄旗下的屈臣氏在北京开设了内地第一家店。当时,许多香港投资者对内地政府开放零售业市场政策心怀疑虑,不敢向内地市

场进发,而李嘉诚以其独特的眼光,在内地开店比家乐福在华第一家门店开业早了11年,这甚至比红色资本背景的华润进入内地早了7年。因此,百佳和屈臣氏分别打入内地,不单首次引入"超市"、"连锁店"、"个人护理"这些新名词,也成为外资摸索中国零售市场的急先锋。

中国加入WTO后,内地零售业开放的大势越发不可逆转,担当"掘井人"的李嘉诚,让众多的外资零售商尝到了中国市场的活水。

商机对于一个商人来说非常重要,商人必须善于从市场的边边角角及市场供求差异中捕捉商机。大部分商家很容易忽视市场上的"边边角角",而这往往是出奇制胜的关键切入点,发现这些契机需要经商者具有敏锐的眼光以及强劲的洞察力。

同时,研究市场供求和竞争对手,从中找出产品的弱点及营销的薄弱环节,也是公司捕捉商机的有效方法之一。找到关键点,"取竞争者之长,补竞争者之短",开发性能更好、价格更低的产品或服务,盈利会越来越多。

说到底,生意上的发现与财运,与其说是天意,不如说是偶然与巧合给人以信息,善于观察生活的有心人利用了这信息,成为了财富的拥有者。

当初,李嘉诚将经营塑胶工厂所赚取的利润,以及第一幢工业大厦源源不断的巨额租金收入全部投资到房地产的经营,不料几年后,香港局势动荡不安,银行爆发信用危机、房地产价格暴跌,许多建筑公司、地产公司纷纷倒闭。后来,又爆发了反英抗暴事件,整个香港的地价、楼价处于有价无市的状态,建筑业的活动完全停顿。针对这种经济情况,很多商人感觉没有生意可做,纷纷贱价抛售房屋,远走他方。

在这个房地产动荡的年代中,李嘉诚却在人们争先恐后抛售大量地皮、物业的时候,在长江工业有限公司和大量物业的基础上,有计划、有步骤地利用现金将购置的旧楼翻新出租,再用所得利润的全部换取现金大量收购土地,采取各个击破、集中处理的方式,使土地以点带面、以面连片、纵横相错地发展。李嘉诚充分地掌握了房地产发展的大趋势,为其以后蓬勃的事业,打下了坚实的基础。

财富不会主动投怀送抱,要成功,就必须从司空见惯中寻找商机。在平时的生活中,大多数商人对出现的一些现象麻木不仁,有时对出现的一丝灵光感到无所谓,或者抛诸脑后,造成许多商机在不经意间溜走。

李嘉诚说:"每一个时代,都创造了一大批富翁。而每一批富翁都是在人们不明白时,他们明白自己在做什么;当人们不理解时,他们理解自己在做什么。所以,当人们明白时,他们已经成功了;当人们理解时,他们已经富有了。"

生意人与财富密切接触的机会无处不在,德国诗人歌德在《浮士德》中这样告诫我们:"要注意留神任何有利的瞬时,机会到了,莫失之交臂。"

"变则通,通则久",一些有心的商家会洞悉那些跟风者所忽略的商场盲点,并让这些盲点在他们手中瞬息间变成了财富的胚胎、价值的种子,这是走上伟大企业家之路与始终是小企业的选择差距所在,也是一些中型企业销售现状始终踌躇不前的一个原因。在成功的企业家眼中,商机不分大小,只要想赚钱,生活中处处有赚钱的机会。

6. 找到特别的经营项目

世上没有一竿子打到底的生意，任何买卖都有其兴衰过程，若想延续企业的创富神话，需要领导者独具慧眼，在生活中寻找到新商机。对于精明的商人来说，商机无处不在，只要你具有能够发现特别经营项目的独到之处。

随着时代繁衍，淘汰率比创新的频率高出几倍，一件普通的商品所能给人的吸引力远比不上稀奇古怪的东西所勾起的人的好奇心和占有欲。

要做生意，抓市场，先得抓住顾客的心。好奇心是人的通病，一些精明的商家会利用这一点，抓住顾客的心理，驱动大众的好奇心，给自己创造财富。

企业运营不能一成不变，依靠一种老产品能赢得了一时却赢不得一世。成功的商人，在到达事业的鼎盛时期时，会想到摔落的一天，并了解唯一能够使企业长盛不衰的途径便是创新，是不断地为企业注入新的活力，引领消费者的眼球。

商机无处不在，发现机遇，掌握创新灵光，需要你独具慧眼，在关注市场走向时，多观察生活，在细小甚微中，找到被企业家遗漏的商机，填补市场空白。往往越是被他人忽略，越是意想不到的特殊项目，其蕴藏的爆发力就越强，一经开发，便有一飞冲天的趋势。

当年日本绳索大王岛村芳雄在东京一家包装材料店当店员时，薪金只有1.8万日元，还要养活母亲和3个弟妹。因此，他时常囊空如洗。

有一天，他在街上漫无目的地散步时，注意到无论是花枝招展的小姐，还是徐娘半老的妇人，除了都带着自己的皮包之外，还提着一个纸袋。他自言自语："嗯！这样提纸袋的人最近越来越多了。"岛村芳雄的整个心都被纸袋和绳索占据了。

此后,他到一家跟商店有来往的纸袋工厂参观。那工厂忙得不可开交。参观之后,岛村芳雄怦然心动,毅然决定无论如何非大干一番不可,将来纸袋一定会风行全国,做纸袋绳索的生意错不了的。

岛村历尽千辛万苦,筹集了200万日元的资金,辞去了店员的工作,设立了凡芳商会,开始了绳索贩卖业务。创业两年后,他名满天下,创业13年后,他每天的交货量至少有5000万条,该利润实在难以计算。岛村在几年间就从一个穷光蛋,摇身一变成为日本绳索大王。

商人对商场的了解不能仅仅局限于现状,只从商业角度来考虑,须知"商者无域",在没有冰激凌与汽水的时代,这些微不足道的东西,都是细化于生活中的商机。一个真正的商人,要善于寻找被人遗忘,却很有开发价值的独特项目。

商人必须具备一定的眼界,开阔的思维,将视角的网织密织广,才能在竞争日益激烈、商品迅速"新陈代谢"的商海中立于不败之地。

7. 不寻常的事发生时立即想到赚钱,是生意人应该具备的素质

随着社会的发展,商界竞争日益激烈,现在的创业者所承受的压力远大于过去,在寻常商家眼中,能挖的商机几乎被挖得一干二净,但在一些精明的企业家眼中,赚钱的机会无处不在。

李嘉诚说:"随时留意身边有无生意可做,才会抓住时机。下手越快越好。遇到不寻常的事发生时立即想到赚钱,这是生意人应该具备的素质。"

20世纪50年代初，李嘉诚从各种渠道得知欧洲人最喜欢塑胶花。当时在北欧和南欧地区的人们喜欢用塑胶花装饰庭院和房间，而在美洲地区，汽车或工作场所都会摆放一束塑胶花增添情趣。

熟悉了这一市场行情后，李嘉诚开始把自己生产的塑胶花大量销往欧美市场，结果获得了大批的海外订单，企业年利润从三五万港元上升到一千多万港元。

李嘉诚对投资做出了个人的总结：不论做什么生意，必须先了解市场需求，把握外部环境的微妙变化，特别要随时留意身边的各种信息，从中发现商机。李嘉诚很注重在销售过程中的信息反馈，如果不熟悉市场环境，对各种信息不敏感，出售商品并提升业务发展只能是空谈。

商机无处不在，一些商家四处奔波寻找能够赚钱的机会，结果大都一无所获。21世纪的成功企业家，需要更"远"的卓见，此"远"并非拉长距离，而是缩短距离，经常注意身边发生的一些不寻常的事情。黄金不一定远在撒哈拉，有时就在你的脚下，对一个商人来讲，越不常见的事物越能引起他人的兴趣，从中获得赚钱的契机。

"冠生园"的创始人冼冠生一次去重庆汪山看望朋友，毗邻住了一位外国老太太，听说冼冠生是名闻山城的冠生园的大老板，便邀请去自家作客，用咖啡和西式点心予以款待。

冼冠生发现老太太冲咖啡用的是白糖而不是方糖，他一再以内行人士的角度审视，随后询问这种白糖的出处，经过一番寻根问底，老太太告诉他这是土白糖，很甜却不干净，通过裹鸡蛋清加工提炼，效果很好，溶化快，比进口方糖要甜很多。

冼冠生听后，急忙告辞，回家找来工厂糖果技师郑文浙。郑文浙告诉冼冠生,他以前也用此方法提炼过,但寻觅不出褪色的方法。冼冠生二话不说,拉上郑文浙,再去汪山向外国老太太求教,最后终于把提炼方法学到手。他将此糖定为"洁糖",试销后备受欢迎,特别适合婴儿食品。冼冠生的企业因此获取到丰厚的收益。

一些报纸或杂志上经常报道过一条信息救过一个工厂,一则见闻创造巨额财富,一番谈话让个穷鬼成为了暴发户等等的新闻,可见奇闻怪谈之中也有商机。

信息是做生意的基础,是经商成功的关键。做生意离不开"赚钱"二字,一个整日想着花天酒地,吃老本的商人,总有家财倾尽的时候。不思进取,找不到新视角,毫无创新理念的公司,迟早被不断前进的新时代所淘汰。

经营者必须保持冷静的头脑和敏锐的洞察力,随时留意身边的机会,掌握主动权,准确预测事物的发展趋势,才不会让机会稍纵即逝。

勿怪商界新理念层出不穷,"适者生存",要想在商界站稳脚跟,并不断与时代接轨,就必须学会在不寻常中找到发财的路子。这需要商人有慧眼和丰富的阅历,当你接触到某种特殊的信息,就联想到能否以此赚钱,并加以正确运用,便可给你的生意带来蓬勃发展的机会。

8. 要有远见,杀鸡取卵是短视的行为

趋利避害是人的本能,很多商人照着这个原则行事,当有利可图时,就蜂拥而上;遇到危险时,就纷纷退出。但他们常常着眼于眼前的利益,

结果反而求利得害。

李嘉诚曾说："经商一定不能缺少勇与谋，两者是相辅相成的，凡遇小利能沉着冷静者，必当能在商战中谋取大利。"李嘉诚对每一步经营战略都会进行周全的部署，正因为如此他才每每能高瞻远瞩地抓住机遇。他认为，想要投资成功，就必须比别人看得更远，有时候甚至要与潮流反着走才有可能获得成功。

1977年9月，和记洋行与黄埔公司合并为和记黄埔（集团）有限公司。当时李嘉诚正将目光投向对九龙仓的收购上，他对和黄进行了全面地了解，很是看重这家拥有发展潜力的集团公司。后来因九龙仓进行强力反收购，李嘉诚只得放弃了对九龙仓的收购计划，将吞并和黄作为自己的下一步计划。

李嘉诚在研究和黄时，意识到作为香港金融至尊的汇丰银行必然不会长久操纵企业。正如李嘉诚所料，汇丰在与黄埔合并后表示，待和黄的财政危机转好后就会选择适当的时机转让出和黄的大部分股权。

李嘉诚早已预料到了这一点，所以在1978年收购九龙仓一战中，接受了时任汇丰大班沈弼的建议，放弃了对九龙仓的收购。一方面他知道自己若力夺九龙仓势必两败俱伤，另一方面顺水推舟卖人情给沈弼，可由此与之结下情谊，交下汇丰这个财神爷，为自己收购和黄打下铺垫。

不仅李嘉诚欲吞和黄，外界还有众多人士垂涎和黄财团。不过有沈弼从中帮衬李嘉诚，再加上包玉刚从中撮合，1979年9月汇丰以每股7.1港元的价格转售给长实22.4%的和黄股权。在这次转让中，汇丰不仅将和黄普通股票以市价的一半价格让给李嘉诚，还同意长实暂时仅付20%的现金。同期，李嘉诚又继续收购市面上的和黄股票，到1980年11月，李嘉诚已拥有了39.6%的和黄股权，牢牢掌控了和黄。

《韩非子·十过》中有一句极富商业谋略的话:"顾小利则大利之残也。"意思是说贪图小利益就会损害大利益。

经商者想要在商界站稳,并不断谋求发展就一定要有远见,商人不能只顾赚取眼前的小利而损害长远的大利。杀鸡取卵的方式是短视的做法,最终只能是捡了芝麻、丢了西瓜,得不偿失。任何时候我们都要保持理性,认真分析形势,做出正确的判断,才能趋利避害,做好生意。

20世纪60年代,香港股票市场,形势一片大好,甚至出现一阵"要股票,不要钞票"的投资狂潮。

普通的市民卖掉自己积攒多年的金银首饰,商人卖掉自己的工厂、房屋、汽车和土地,将可能到手的资金全部投入股市,甚至还有大商人将自己为建造房屋楼宇所筹集来的贷款也拿来炒股,梦想着能够在一夜之间暴富。

1973年爆发了一场世界性的石油危机,香港经济受到了很大影响,大部分出口市场萎缩,股票市场因此受到前所未有的打击。除此之外,一批不法之徒趁着混乱伪造股票,东窗事发后引起更大的恐慌,很多股东大量抛售股票,使股市一泻千里。

在这场巨大的灾难中,香港股市哀声一片,绝大部分投资者都遭受了惨重的损失,很多人一夜之间倾家荡产。整个香港经济,尤其是占主导地位的金融业和房地产业更是惨不忍睹。

"做生意好的时候不要看得太好,坏的时候不要看得太坏。最重要的是有远见,杀鸡取卵的方式是短视的作风。"正是靠着这种远见,李嘉诚一步步筑就了今天的"长实"商国。

想要做好生意,必须时刻保持冷静,透过表面现象,看到未来的发展趋势,从而理性地投资。李嘉诚年轻时仅仅用了两年时间,从一穷二白的小伙子,跃升至行政要位,将不可能变成可能,其中的策略与卓见无一不是在"放长线、钓大鱼"。

　　一些情况并非像眼睛所看到的那样糟糕,慌了阵脚,商人也不过是市井之徒。没了主见与策略的商人,像跳梁小丑,东躲西藏。商人必须做到认真分析如何在不善的环境下,找到更长远的商机。发展不会因时因地因事而终止,能从中脱颖而出的企业家才是真正称得上楷模的伟大商人,他们能随时掌握经济的发展趋势,避害趋利。

　　成大事者必深谋远虑,那些蝇头小利虽也赚得,但不能因此放弃做大的机会。想必每位创业者都是本着赚大钱的思想,才走上经商的道路,所以,你必须谨记:线要放得长,才能钓到深海中的奇珍异宝。

第六课

求稳:不打无准备之仗是经商必备的素质

投资讲策略,发展需谨慎,三思而后行,方战无不胜,攻无不克。李嘉诚的成功建立于扩张中,但他在扩张中不忘谨慎,在稳健与进取中取得平衡。船要行得快,但面对风浪一定要稳得住。"慢中求稳"的谨慎策略是在全新市场中获取长期优胜的正确选择。

1. "一夜暴富"往往意味着"一朝破产"

一些创业者总梦想一夜暴富,为谋取更多收益,走捷径,投机取巧,钻法律空子,忽视产品质量……到头来,短暂的富有却被市场长久地封杀。也有些商家,看破商机,瞬间成为杀出商界的一匹黑马,但却被一时喜悦冲昏头脑,分不清东南西北,将平时注重的细节省略,从而导致企业内部运行瘫痪。

谁都想挣钱，但钱赚得越多，你所承担的风险越大。"一夜暴富"往往意味着"一朝破产"，小聪明谁都会耍，但对于精明的商人来讲，耍小聪明，走捷径，等于抱着侥幸心理，投机倒把，最终只会聪明反被聪明误。

李嘉诚告诫广大同行："我的主张从来都是稳中求进。我们事先都会制定出预算，然后在适当的时候以合适的价格投资。"

卖楼花于1954年为霍英东首创。那时霍英东一反地产商整幢售房或出租的做法，在楼宇尚未兴建之前，就将其分层分单元预售，得到预付款后，动工兴建。此方法让卖家用买家的钱建楼，让地产商将地皮和未成的物业拿到银行按揭（抵押贷款），真可谓一石二鸟。

继霍英东之后，许多地产商纷纷效尤，大售楼花，银行的按揭制进一步完善，蔚然成风。

1961年6月，潮籍银行家廖宝珊的廖创兴银行发生挤提风潮。廖宝珊是"西环地产之王"，他在西环大量购买地盘兴建楼宇，并在中德辅道西兴建廖创兴银行大厦。廖宝珊发展地产的资金，几乎全部来自存户存款，所以引发了存户挤提。

这次挤提风潮，令廖宝珊脑溢血猝亡。从廖宝珊身上，李嘉诚更深一步地意识到地产与银行业的风险。

当初，李嘉诚认真研究了楼花和按揭，发现卖楼花虽能加速楼宇销售额，加快资金回收，弥补地产商资金不足，但却造成了地产商的利益与银行休戚相关，地产业的盛衰直接波及银行。所谓唇亡齿寒，一损俱损，将自身"命脉"交给银行未必是好事。

因此，李嘉诚宁可少建或不建，也不向银行抵押贷款，或会同银行向用户提供按揭。

一直抱着"一夜暴富"的心态做生意，容易使人的心绪飘飘然，眼中只看到钞票向你招手，却看不到生意背后暗自涌动的危机。没有危机意识，此乃大忌。

1962年，香港政府修改建筑条例并公布1966年实施。地皮拥有者，为了避免新条例实施后吃亏，都赶在1966年之前建房，职业炒家应运而生。他们看准地价楼价日涨夜升的畸形旺市，以小搏大。只要付得起首期地价楼价的人，就可大炒特炒，趁高脱手。

1965年1月，明德银号又发生挤提，宣告破产。明德银号的破产，加剧了存户的恐慌心理，挤提风潮由此爆发，迅速蔓延到各家银行。广东信托商业银行轰然倒闭，连实力雄厚的恒生银行也陷于危机之中，不得不出卖股权予汇丰银行才免遭破产。

这次危机持续了一年有余，不少银行虽未倒闭，却也只能"苟延残喘"。在银行危机的剧烈振荡下，兴旺的房地产业一落千丈，一派肃杀。地价楼价暴跌，使脱身迟缓的炒家，全部断臂折翼、血本无归，靠银行"输血"支撑的地产商、建筑商纷纷破产。

在这次危机中，长江的损失，与同业相比算是微乎其微。它只是因部分厂房碰到租期届满，所以在续租时降低租金，而并未动摇其整个根基。那些激进冒险的地产商，或破产或观望，而"保守"的李嘉诚却仍在地产低潮中稳步拓展。

生意人面对瞬息而至的利益诱惑时，必须保持清醒的头脑，买空与卖空是做买卖的大忌，我们不可为一朝利益，将自身置于险地。商界风云变幻莫测，若运筹不善，"一夜暴富"的后面，往往就是"一朝破产"。

李嘉诚坚定地以长期投资者的形象出现在地产界，他一如既往地在港岛新界的新老工业区寻购地皮，营建厂房。他尽可能地少依赖银行贷款,有的工业大厦,完全是靠自有资金建造。他公司下属的塑胶部经营状况良好,盈利可观,而地产部已由初始的纯投资转为投资效益期。随着新厂的不断竣工出租,租金源源不断涌来,即使没有银行贷款,他也有足够的资金发展自己的物业。

古人云:"欲速则不达。"急功近利,确实能在当下发点小财,但却做不到长久。商界危机四伏,随时会来的金融风暴,就是一次教训,稳扎稳打才是把生意做大的诀窍。

2. 花90%的时间,不想成功想失败

据调查显示,一些创业者创业之初普遍乐观,摊子铺得很大,任何业务都想涉足,常常想象自己的第一桶金如何赚得。作为商人,想赚钱很正常,但对于精明的商人来说,越想成功,便越可能失败。

李嘉诚说:"你一定要先想到失败,从前我们中国人有句做生意的话'未买先想卖',你还没有买进来,你就先想怎么卖出去,你应该先想失败会怎么样。"

李泽楷在创业两年后,雄心勃勃地将业务重点转向房地产。1997年,日本经济滑坡,李泽楷认为这是一个好的时机。他斥资58亿港元购买了一块位于东京千代田区连接东京火车地铁站的地皮,面积达5万多平方米。

李泽楷兴建盈科中心,想快速地将公司做大,实现巨额盈利的梦想,所以总投资额80亿港元。他规划好销售方案,高价分层出售,意图快

速收回成本。

然而世事难料，1998年亚洲金融风暴，日本经济受此影响，地皮一落千丈，李泽楷的资金陷入极大危机。李嘉诚闻讯之后，命和黄集团以高于购买价一成半的价钱买入了四成半的股份，又给李泽楷1.7亿港元的手续费。盈科虽暂时度过了危机，但是还是亏空不少。李泽楷不甘心，仍旧想赌上一把，于是在附近又增购地皮，用以降低成本。但是，仍旧没什么转机。

李嘉诚在接受一家杂志社访问时说："想象你在风和日丽的时候，假设你驾驶着以风推动的远洋船，在离开港口时，你要先想到万一悬挂十号风球，你怎么应付。虽然天气蛮好，但是你还是要估计，若台风来袭，在暴风还没有离开之前，你怎么办？"

作为一个成功的商人，不能只想到如何盈利，更多的要想到失败后会出现的后果，进而刺激自己的危机意识，一步一步分析出潜在的薄弱环节。"成功的效果是100%还是50%根本不是太重要，但是如果一个小漏洞不急着修补，可能带给企业极大的损害。"

李嘉诚常常讲，一个机械手表，只要其中一个齿轮有一点毛病，这个表就会停止工作。一家公司也是，一个机构只要有一个弱点，就可能失败。因此，商人要常常想失败，了解细节，做到预防危机的发生。

李嘉诚说："军队的统帅必须考虑退路，例如一个骁勇的统帅，本身拥有两万精兵，当计划攻占其他城池时，他必须多准备两倍的精兵，就是六万，因战争激活后，可能会出现很多意料不到的变化，一旦战败退守，国家也有超过于正常时期一倍以上的兵力防御外敌。"

失败没什么可怕，可怕的是没有准备妥善如何应对失败，以至于损兵折将，损失惨重。对于商人来讲，必须具备风险意识，在再大的成功面前也不可得意忘形、忘乎所以。成功与失败、解决问题与忽略问题之间，人太过于满足现状或者只考虑如何成功,缺乏危机意识,就会让一些小细节,小问题被忽略,从而加剧潜在危机的恶化。

"星星之火可以燎原",别太小看那些微不足道的小细节,或小常识。创业之路上总是充满坎坷、布满荆棘,一帆风顺者很少。要想走得远,首先必须学会在做一项生意之前,先花90%的时间考虑失败,以及出现危机时,你的应对措施,如此才能在失意时保持冷静、从容应对。

3. 身处瞬息万变的社会,要居安思危

在竞争激烈的商界,生意做得好,业绩只上不下,很值得庆祝。有些生意人保持一副隐者的模样,不紧张、不焦躁,时常表现出悠闲与轻松。而这只是一种表象,竞争无处不在,且异常激烈,稍微一放松你就有可能被时代所抛弃,因此,他们在平静的背后,充满着戒备。

但有些创业者会随着事业的状况改变处事心态,一旦事业处于不利环境,会想尽一切办法摆脱,雄心勃勃;处于安逸的环境下,却立刻变得贪图享乐,神经麻木,失去进取心。此刻你的生意可能一帆风顺,但下一刻可能狂风暴雨。危机来临时,没有应急意识,其后果可能兵败如山倒,打你个措手不及。

李嘉诚强调:"身处在瞬息万变的社会中,应该求创新,加强能力,居安思危,无论你发展得多好,时刻都要做好准备。"

李嘉诚的塑胶厂,在经历第一次危机复苏后,生意蒸蒸日上,订单如雪片飞来,工厂通宵达旦生产,营业额呈几何级数增长。李嘉诚的信誉有

口皆碑,银行不断放宽对他的贷款限额,原料商许可他赊购原料,客户乐意接受他的产品,派送大笔订单给他。

但在塑胶产业折腾了7年的李嘉诚,仍具有忧患意识,他认为安逸不能带来长久的发展。于是,他开始将眼光转向国际市场,不辞辛苦,到意大利去学习塑胶花生产的工艺。

学成归来的李嘉诚成为香港第一个生产塑胶花的人,初尝成功滋味的李嘉诚没有沉浸在喜悦中,他知道,香港很快就会出现更多的塑胶花生产企业,要想稳坐塑胶花产业的"龙头"位置,必须扩大长江塑胶厂的规模。于是,李嘉诚开始募集资金,扩大厂房,增加生产规模。通过一系列措施,长江生产的塑胶花不仅在香港销售,东南亚,乃至欧美地区也都有了长江生产的塑胶花。

当塑胶产业走向巅峰后,李嘉诚又一次意识到危机的到来。塑胶花虽然有很大的优点,但毕竟不能替代真花,塑胶花终会被淘汰出局,要想不被打垮,必须另想出路。

这一次,李嘉诚将眼光瞄向房地产行业,他慢慢地淡出塑胶产业,将资金回笼,然后投入房地产行业。他的预见性再次为他带来了商机,投资房地产业的李嘉诚再次赚得盆满钵盈。

居安思危对经商者来说很重要。危机感会使你懂得时间的宝贵,明白商海危机四伏,让你时时考虑如何才能做得比自己的竞争对手更好、更出色,在原有的基础上获取更大的成功。

那些屹立在世界顶峰的商界战神之所以成功,是因他们时刻保持着居安思危的理念,未雨绸缪,不因一时安逸忽略可发展的机会,时刻准备开发新项目、新市场。

时代在不断发展,社会瞬息万变,很多东西都会被新鲜的事物所替代,因此,不论到了什么时候,李嘉诚都不会沉浸在成功之中,他总是把时间花在思考公司未来的出路问题上。因为他总是能够在生意红红火火的时候，预见未来会发生的危机。

著名地产商冯仑曾说："我想到的不是企业怎么活，而是怎么死。"这是在提醒我们创业首先要具备居安思危的理念，要时时刻刻想着如何规避潜在的风险，根据客观环境的变化，适时调整发展策略，如此，才能保证在经济大潮中不被打倒。

有危机意识的商人，不会安于享乐，懒散地消磨时光，他的大脑机制始终处在高速的运转中，从而将自己的潜能最大限度地挖掘出来。时刻关注商界动态的人，对商机的洞察力要远高于一般人，其成功的概率会大大增加，成功的可能性远远大于失败的可能性。

4. 有备而战，战无不胜

在激烈的商业竞争中，客观地、恰如其分地衡量自己和对手的实力，做足充分的准备，是每个创业者获得成功的关键所在。《孙子兵法》中记载："知彼知己者，百战不殆；不知彼而知己，一胜一负；不知彼，不知己，每战必殆。"

在李嘉诚的投资生涯中，除了刚开始创业时的那一次意外，他从来没有过重大的失误，生意一直积极稳健地向前发展。

李嘉诚说："我凡事必有充分的准备然后才去做。一向以来，做生意、处理事情都是如此。例如天文台说天气很好，但我常常问我自己，如5分钟后宣布有台风，我会怎样，在香港做生意，亦要保持这种心理准备。"

1977年,地铁工程是当时香港开埠以来最浩大的公共工程。整个工程计划8年完成,需耗资约205亿港元。当时的李嘉诚涉足地产已20年,积累了不少经验,他觉得是到了改变形象的时候——进军港岛中区。

李嘉诚决定搏上一搏,他走进书房,翻阅各种资料。参与这次竞标的公司很多,其中最难对付的就是置地,当时香港流传这么一句话:"撼山易,撼置地难!"

置地属怡和系,怡和大班又兼置地大班。现任大班是纽璧坚,另一个创始人是凯瑟克家族的杰姆·凯瑟克。凯瑟克家族又是怡和有限公司的第一大股东。因此,纽璧坚虽身为两局大班,也同样受股东老板的制约。凯瑟克家族力主把发展重点放到海外,这样,势必分散纽璧坚坐镇香港的精力。

这正是置地不易洞察的薄弱之处。李嘉诚通过各种渠道获悉:地铁公司与港府在购地支付问题上产生分歧,这说明地铁公司现金严重匮乏。地铁公司以高息贷款支付地皮,现在急需现金回流以偿还贷款,并指望获得更大的利润。

作好了充足准备的李嘉诚,在地铁招标书上开了两个优厚的条件:满足地铁公司急需现金的需求,由长江实业公司一方提供现金做建筑费;商厦建成后全部出售,其利益地铁公司占51%,长江实业占49%。

结果可想而知,长江实业顺利打败比其强大的对手置地公司,赢得了这次招标。

老子说,"知人者智,自知者明",又说"妄作凶",这两句话是指,不了解对手,不清楚自身实力,而盲目狂妄的采取行动者,是自取灭亡。

运筹帷幄之中,方能决胜于千里之外。没有精心的筹划,没有周密的考虑,没有详细的市场调查,便妄下决定,无疑事倍功半。

拿破仑·希尔通过一项调查发现,顶尖人士都知道他的行业未来会如何改变,会有什么新的潮流出现,他们会不断地研究有关趋势的报告,为未来做充分准备。

要创业或者开发新市场,就要了解此项目的市场如何,投资多少,利润如何。如果你要打一场球,就要了解对手的实力、主将、打法、教练等等。

做生意不可打无把握的仗,要确保生意的成功,就必须事先作好充足的准备。你应认真分析生意成功的各个要素,了解竞争对手,了解其经营战略、经营计划、行为特点和作风,还要了解自己和对手之间各因素上孰优孰劣,自己应发挥哪些相对优势,弥补哪些相对不足。一旦时机成熟,你就可以一举成功,取得胜利。

5. 稳健中寻求发展,发展中不忘稳健

商界不缺乏敢于冒险的生意人,但对于一些高利润的项目,他们始终慎之又慎,甚至在考虑中途便选择放弃。"世界上没有免费的午餐",稳扎稳打,步步为营,才是上道,这些聪明的商家很清楚,伴随高利润的,肯定是高风险。

李嘉诚说:"扩张中不忘谨慎,谨慎中不忘扩张。我讲求的是在稳健与进取中取得平衡。船要行得快,但面对风浪一定要坐得住。"在事业发展鼎盛时期,企业要扩大规模,就要稳打稳扎,不可急于求成,盲目求大不求强,避免出现企业稳定发展的隐患。

1999年的11月,在李嘉诚因出售"橙"股权而获得1180亿港元收入。不

足一个月,欧洲电讯市场风云再起。

英国沃达丰电讯公司声明,其将动用超过1万亿港元的资金(1290亿美元)收购德国曼内斯曼公司52.8%的股权,而曼内斯曼高层马上作出回应,坚决抵抗制达丰的恶意收购行动。

那个时候,李嘉诚拥有10.2%的曼内斯曼股权,是曼内斯曼最大的股东。得到李嘉诚的支持,就意味着获胜。所以,李嘉诚成为沃达丰和曼内斯曼争夺的焦点。

李嘉诚手里拥有裁决权,不论他做何选择,都会成为最大的赢家。出乎所有人的意料,李嘉诚不为名利所动,让和黄董事局发表声明,坚决支持曼内斯曼抵抗敌意收购。对此,李嘉诚的解释是:"和黄与曼内斯曼一起发展,和黄股东有利,而且沃达丰提出的收购价不具备吸引力。"

李嘉诚之所以将百亿元白花花的银子拒之门外,是因李嘉诚入主曼内斯曼的目的是在欧洲电讯市场大展宏图,他绝对不会为了几百亿港元而放弃自己的商业战略。

做生意要盈利、要发展,也别忘记提防时时存在的商业风险。商人要将眼光放得长远,居安思危,为随时将至的危机做好应对措施。同时,你一定要小心谨慎,商场危机四伏,令人难以琢磨,谨慎入市,才能尽可能地避免危机。李嘉诚给自己立下了座右铭:"稳健中寻求发展,发展中不忘稳健。"这是他一生的行动准则。

香港著名船王包玉刚的口头禅是"宁可少赚钱,也要尽量少冒风险"。包玉刚坚持长期租约合同,极力避免投机,严格遵守合同约定,稳打稳扎,成就了世界级船王的发家秘密。

一些人为了眼前利益,盲目扩张,忽略了风险的存在,甚至明知山有虎,偏向虎山行,结果贪心不足蛇吞象,一个无法克制个人欲望的人,难以笑到最后。香港锦兴集团总裁翁锦通说:"生意越大,越要谨慎,因为一且遭遇危机,整个基业都有倒下的危险,损失太大了。"

做生意还必须拥有开拓的勇气,才能越做越大,所以,谨慎也不能太过头。李嘉诚之所以有今天的成就,就在于他不仅谨慎投资,而且敢于投资。

1974年6月,在加拿大帝国商业银行的促成下,加拿大政府批准长江实业的上市申请,使长实股票在温哥华证券交易所发售。香港注册的公司在伦敦上市并不稀奇,令人瞩目的是,长江实业首开香港股票在加拿大挂牌买卖之先河。

李嘉诚在香港和海外股市全方位集资,为长江的拓展提供了厚实的资金基础。将公司上市,是壮大自身实力的一条快捷而有效的途径,立志赶超置地的李嘉诚,及时跻身股市,出于一种敢于扩张的勇气。

做生意等于冒险,每走一步你都处于半悬空状态。为了有长足的发展,你必须慎之又慎,但你不能因为谨慎而制约规模扩大,阻碍生意做大做强。所以,你必须把握住这一个度,寻找平衡点,坚持"扩张中不忘谨慎,谨慎中不忘扩张"的原则。

《孙子·势篇》中说:"善动敌者,形之,敌必从之,予之,敌必取之,以利动之,以卒待之。"

商场如战场,步步艰辛。做生意并不是一件简单的事情,既要考虑发展,又要规避风险。商人眼中不能只有利益,不要盲目地扩张,必须克制自己的贪欲。同样,要想让公司有所发展,也不能谨慎过头,否则就会裹足不前。只有这样,你的公司才能在规模扩张中稳定发展。

6. 不把鸡蛋装在一个篮子里，将资金和风险分散

做生意，求利益，便无法与风险隔离，对此的唯一途径就是尽量降低风险的力度。《孙子兵法》中提出五个"知胜"之道，位居首位的条件就是："知可以战与不可以战者胜。"《孙子兵法》又说："备前则后寡，备后则前寡，备左则右寡，备右则左寡，无所不备，则无所不寡。"

投资理论里有一个金科玉律，就是"不要把鸡蛋放在一个篮子里"。企业开展多元化经营，一方面可以分散风险，另一方面则容易把战线拉得过长。做生意，若将资金与风险一并投放于一处，一旦出现问题，将会全军覆没。

当年，李嘉诚因意识到塑胶产业在未来将不再是朝阳产业而转向房地产之时，并未直接退出塑胶产业，全面投资房地产行业，而是依然保留塑胶厂，只是将生意的中心转到房地产业而已。"东方不亮，西方亮"将资金分散，虽不可全都赚钱，但总会有赚钱的机会。

1980年代中后期，加拿大经济局势严峻。李嘉诚进军加拿大时，仅他一人，就为经济面临衰退的加拿大带来100多亿港元巨资。是时，兼任加拿大赫基公司主席的马世民充当了李嘉诚的"西域"大使。他二人和长江副主席麦理思，开始频繁穿梭于太平洋上空。1986年12月，在加拿大帝国商业银行的撮合下，李氏家族及和黄通过合营公司Union Faith投资32亿港元，购入加拿大赫斯基石油公司52%的股权。

1986年，李嘉诚斥资6亿港元购入英国皮尔逊公司近5%股权。该公司股东担心李嘉诚进一步控得皮尔逊，组织反收购。李嘉诚随即退却，半年后抛出股票，盈利1.2亿港元。1987年，李嘉诚与马世民协商后，以闪电般的速度投资3.72亿美元，买进英国电报无线电公司5%股权。1990年，李嘉

诚趁高抛股,净赚近1亿美元。

李嘉诚进军美国的一次浩大行动是在1990年。他在美国最合算的一笔交易,是与北美地产大王李察明建立友谊。李察明陷入财务危机,为结下好的合作伙伴,他将纽约曼哈顿一座大厦的49%股权,以4亿多港元的"缩水"价,拱手让给李嘉诚。

在新加坡方面,万邦航运主席曹文锦邀请香港巨富李嘉诚、邵逸夫、李兆基、周文轩等赴新加坡发展地产,成立新达城市公司,其中李嘉诚占10%股权。

1992年3月,李嘉诚、郭鹤年两位香港商界巨头,通过香港八佰伴超市集团主席和田一夫,携60亿港元巨资,赴日本札幌发展地产。

马柯维茨的资产组合管理理论认为,只要两种资产收益率的相关系数不为1,分散投资两种资产就具有降低风险的作用,而多种独立资产组成的资产组合,其风险可以通过这种分散化的投资完全消除。

举个例子,如果你有100万,50万买房子,10万买股票,10万买国债,10万买基金,10万开店面,5万存活期,5万花销,就算其中一样或两样遭到损失,也不会对你的整体经济状况造成太大的影响。若将100万全拿来买股票或是做其他投资,一旦有风险,将全部付诸东流。当然,篮子要多选,但不可滥选,选择的前提是篮子必须有创造价值的能力。

富通基金全球投资总监杜威德说:"分散风险是免费午餐。"不要把鸡蛋放在一个篮子里,以免"一失足成千古恨",虽不是创业者必须遵循的铁律,却是一种风险管理的选择。保障自身利益,将风险降到最低,是每个投资者在事实面前都无法回避的选择。

7. 要冒险,而不是冒进

无风险,无利润;低风险,低利润;高风险,高利润。风险与利润向来成正比,作为一个商人,必须有承担风险的勇气和胆略,否则成不了气候。"智者千虑,必有一失",智商再高的人也有马失前蹄之时,经商本身就具备风险性。

胆略和魄力是成功的前提之一,敢于冒险,视冒险为游戏,乐此不疲的人,才能从中获取丰厚的利润。一些人觉得冒险是失败的导火线,其实不然,冒险不等于冒进,前者经过深思熟虑,后者是盲目进取,没有一定把握。让冒险变质为冒进,是自取灭亡。做生意,要寻求高利润,就要有冒险精神,但这一定要摒弃冒进的执念。

李嘉诚曾在集团周年晚宴致辞中表示,"香港在未来数年内,只要把握时机,加强与内地合作,迅速扩大在内地市场的占有率,香港就将会有无限的商机。"

李嘉诚非常看好近20年来中国经济发展的高速增长。随着中国加入WTO,这更坚定了他的信心。

李嘉诚领导的长和系坐拥强大的资金,在内地其通过从容规划,经收购、合资等形式占领众多产业的制高点。在中国内地信息产业蓬勃发展的时候,李嘉诚对大陆市场的新出击,显得格外稳重。

李嘉诚并不保守,长和系作为主角之一,也曾遭遇了2000年至2001年全球网络泡沫经济破灭所带来的灾难。

尽管庞大的投资造就了李嘉诚在内地的知名度,但不容忽视的是那些超过15%~20%的投资项目的失败,对于一向业绩稳健的长和系而言,这么高比例的投资失败率是过去所从来没有过的。

　　冒进,是长和系从失败找到的原因。早期的TOM、电信盈科和数码港曾给企业带来了神话般的光环,造就了李泽楷这样的传奇人物,但并没有真正给集团带来实际的商业利益。

　　狂热之后,对于李嘉诚领导的长和系来说,TOM和电讯盈科只剩下一个空壳。基于此,李嘉诚曾经多次在企业内部指出,在一个激进的时代,最重要的是保持清醒的判断能力,人不能因为头脑发热而迷失了方向。

　　李嘉诚明白,如果能够在中国上市,可以减缓国外市场对企业经营的影响,至少可以减缓国外市场对企业经营的影响。面对越来越复杂的投资环境,李嘉诚变得越来越谨慎,在内地投资的失败经历让他明白冒进是成功的死敌。

　　"第一个吃螃蟹的人"必定是成功的伟人,这不仅仅需要勇气,更需要智慧和见识。罗忠福创办了中国第一家私营典当行,向来敢于当先,富于远见,决不盲目冒险。

　　房地产业在中国是高利润高风险的行业,其高利润来自市场需求,而高风险既来自宏观经济环境,也来自政策因素。

　　罗忠福刚涉足房地产业时,由于国家政策调控和其他一些因素影响,中国的房地产业一夜跌入谷底。就在一些商家纷纷撤出股份,哀鸿遍野之时,罗忠福却投入他全部的资金,178万元,买下了拱北海关附近的地皮。

　　令人惊奇的是,到了1989年,竟然有人愿出400万来收购他的楼盘,但他仍然坚持,没有卖出。到了1991年,又有人出资3亿港元收购那座楼盘,罗忠福依然坚持不出售。而后,那块地皮的价值直线上涨,给罗忠福带来了巨大的财富。

要想在商场上立足,不仅要有超前的眼光,还要敢于冒险。冒险精神,对于商人来讲,难能可贵,但除了胆大,商人们还必须细心,慎重决策,才能成为赢家,才能开创出一番事业。

风险如一道战争防线,勇敢穿越过去,成功便离你不再遥远,但这不表示盲目冒险,你只有做好一切的应急措施,预测事情的发展,降低风险度,才能减少损失。

鼓励你冒险,不等于提倡你蛮干,谋定而后动,凡事一定要做到心里有数,作出冒险的决策前,不能只考虑成功所获取的利益大小,你应想到遇到风险后所要承担的代价是否在自身的承受范围内。

在客观环境与自身条件允许的条件下冒险,很有可能会抓住机会,获得意想不到的成功。但对于利欲熏心的商人来讲,不理会客观环境以及自身实力,就贸然地投资,只会失败。因此,对创业与投资,绝不可冒进。"明知不可为而为之"在生意场上并不属于慷慨激昂的,而是愚蠢鲁莽的行为。

8. 与其到头来收拾残局,倒不如当时理智克制一些

古往今来,成大事者,无不以成熟、冷静的头脑为人处世,方成就一番千秋万业。对于经商而言,你除了聪明、能干、吃苦耐劳,还必须具备理智。头脑灵活,却易冲动的人绝对吃不牢商界这口饭。在商场逞匹夫之勇,只会被行内人士视为有勇无谋的莽夫,不足为惧。商场上,那些图利图快,盲目竞争,最后落得惨淡下场的例子不胜枚举。

李嘉诚曾说:"与其到头来收拾残局,甚至做成蚀本生意,倒不如当时理智克制一些。"

李嘉诚的长江实业集团和李兆基的恒基在香港新界、马鞍山都建有商居楼盘,长实的叫海柏花园,恒基的叫新港城。两个楼盘群仅隔一条马路,竞争势在必行。

1994年,李嘉诚率先打响这场竞争战,开始降价推出海柏花园,没多久就卖出了800余套。而李兆基的新港城却门庭冷落,基本上没有什么顾客。李兆基一着急,也跟着降价销售。价格战就此拉开序幕。

1995年7月13日,价格战继续升级。李兆基再挑战火,宣布以"先到先得"的方式开售240套房子,每平方英尺售价4100港元。李嘉诚寸土必争,当晚将海柏花园的最新定价降到每平方英尺4040元的消息电传给各传媒。

就这样,李嘉诚与李兆基展开了拉锯战,双方你争我夺,互不相让。到后来,李嘉诚的海柏花园卖到了每平方英尺3275港元,李兆基却不再继续降价与长江实业对抗。

李兆基虽退出,让李嘉诚取得胜利,但是这场恶性竞争给长江实业造成了很大的冲击,由于价格过低,长江实业并没有得到多少利润。事后,李嘉诚回忆起这次商战,难免有点悔意。他不断告诫自己,企业发展中要保持稳健的作风,不能为了一点利益陷入恶性竞争,更不能不顾风险把企业带进商界泥潭。总之,在决策之初,一定要深思熟虑,保持足够的理性,避免让自己难堪。

作为商人,关键时刻,你的任何一项决定都关乎个人以及企业的生死存亡,在困境或者利益面前,你若不保持冷静的头脑,势必会作出错误的决定,造成无法弥补的后果。理智、冷静,才能让企业规避风险,确保生意稳步上升。

"炒风刮得港人醉"的疯狂时期,各业纷纷介入股市,趁热上市,借风炒股。连众多的升斗小民,也不惜变卖首饰、出卖祖业,携资入市炒股。职业炒手更是兴风作浪,哄抬股价,造市抛股。香港股市处于空前的癫狂状态。

1972年,汇丰银行大班桑达士指出:"目前股价已升到极不合理的地步,务请投资者持谨慎态度。"但是,桑达士的警告,却湮没在"要股票,不要钞票"的喧嚣之中。

1973年3月9日,恒生指数飙升到1774.96的历史高峰,一年间,升幅5.3倍。初入股市的李嘉诚丝毫不为炒股的暴利所动,他深知证券市场变幻急速且无常,他所坚持的稳健发展原则,显出了高人一筹的心理素质。

在纷乱的股票狂潮中,一些不法之徒伪造股票,混入股市。东窗事发后,触发股民抛售,使股市一泻千里,大熊出笼。当时远东会的证券分析员指出,假股事件只是导火线,牛退熊出的根本原因,是投资者盲目入市投机,公司盈利远远追不上股价的升幅,恒指攀升到脱离实际的高位。

在这场大股灾中,除极少数脱身快者,大部分投资者都是弃甲而归,有的还倾家荡产。香港股市一片愁云惨雾,哀声恸地。

李嘉诚丝毫不为炒股的暴利所心动,稳健地走他认准了的正途——房地产业,这使他成为这次大股灾中的"幸免者"。长实的损失,仅仅是市值随大市暴跌,而实际资产并未受损,相反,李嘉诚利用股市,取得了比预期更好的实绩。

商业竞争向来激烈,要做好生意,必须冒险,但冒险不一定成功,你所能估量的无外乎两种情况：最好的情况，最坏的情况。生意一帆风顺固然值得庆幸，但若你因一时气盛，作出错误的评定，你所能做的只能是尽量弥补损失，免遭被对手"通吃"的危机。虽说"留得青山在，不怕没柴烧"不失为一种作战谋略，但已逝的损失是无法挽回的。

现今生意买卖本就难做，因此，要向好的方向发展，需要稳健的作风，需要创业者对市场作出理智的判断与分析。生意人必须清楚，地基打不好，一个三四级的小地震便会让你慌了手脚。"金玉其外，败絮其中"的领导者，其人与事业都坚持不了多久。因此，与其等到失败了想办法弥补，不如一开始就保持理智，让事业在稳健中上升。

9. 见好就收，见坏更要收

生意人眼里不能只有金钱，你一定要坚持适度原则，但也别穷追猛打，做生意同样讲究该放弃的时候放弃，也就是说你要做到见好就收。做生意，最忌讳贪得无厌，要在商场上做到游刃有余，进退自如，最好将利益看得淡些。

李嘉诚认为，机遇中往往隐藏着巨大的风险，许多问题的严重性会随时变化，拖得越久问题就越难解决。做生意不是小孩子过家家，出现坏现象不能期待事情会回归原位朝好的方向发展。

一些企业家在情况开始脱离预算、逐渐恶化的时候，依旧抱着一切能够化险为夷的侥幸心理，期待事情有所转机，毫无阻止的意识，这种行为不仅盲目，毫无根据，十分不理智，而且会给"破坏分子"充足的时间继续损害你的利益。

1986年，和黄行政总裁马世民提出立足香港、跨国投资的策略，得到李嘉诚的支持。于是，就有了和黄、长实及李嘉诚大笔投资海外的惊人之举。谁知，此举的种子撒出去，却不见摘回丰硕的果实——投资回报不理想。

1992年8月，和黄公布1992年上半年业绩，李嘉诚毅然宣布为加拿大赫斯基石油的巨额投资做出14.2亿元撇账，此举令和黄盈利倒退。

李嘉诚认为这项投资亏损，是马世民管理出了乱子。痛定思痛后，李嘉诚决定不听马世民的解释，将赫斯基石油14.2亿的账撇得干干净净。

一项生意如果出现失败的苗头，当断则断，别单纯地去做待宰羔羊。李嘉诚情愿去开拓新的领域，接手一单新生意，也没有耐心去挽救一桩终会亏损的买卖。这并非是他目光短浅，没有拼搏的勇气，因为在他看来，与其花费大精力去扭转局面，不如选取一项前景更好的项目，重新开始。改善局面就意味着再投入，而再付出与最后的收益不可能成正比，召回兵却赔了夫人的买卖，做不做都没有太大的意义。

固执是创业的绊脚石，有些商人不服输认栽，认为一定会时来运转，死攥着一个项目，较真到底，结果，输个精光。固执对商人来说是一种很危险的性格，即便不贪心，却也容易致使其忽略见好就收、见坏更要收的经商原则。要清楚，一意孤行、盲目坚持的结果只会是更大的失败。

1988年，美国《财富》杂志公布的世界500家最大的工业企业排名中，王安的电脑公司排名第414位，他是当时全美第五大富豪，是第一个进入美国"名人堂"的亚裔科学家。王安公司发展如此迅猛，令人咋舌，但它陨落速度之快，更让人吃惊。

IBM公司一直是电脑行业的霸主，被称为无法撼动的巨人，IBM的对手曾这样形容它："我们好比是全副武装的猎人，正在逼近一头狮子，突然，狮子跪下了。猎人问它：'你害怕了吗？'狮子回答说：'哪儿会，我只不过是习惯于在饱餐之前做一番祷告罢了！'这头百兽之王就是国际商用机器公司，因此我们必须尊重它。"

而王安却宣称要与IBM公司分出个高下。当所有电脑商都按IBM制定的行业标准开发电脑时，王安却坚持生产本公司制式的电脑设备，许多客户在选用王安产品的同时，大量使用IBM的产品，不兼容给他们带来极大的不便。也有客户反映要求兼容，却被王安拒绝，越来越多的客户开始表露出不满。

到1990年，王安公司的销售额急剧下降，公司股票从每股42.5美元降至3.75美元，市场价值从56亿美元降至不足1亿美元。分布在各地的王安子公司被大量拍卖、并购或破产。

市场风云多变，谁也没有"百战百胜"的绝对把握，经商者必须懂得审时度势，急流勇退，再创新业。对只有三分把握，却要冒七分险的生意来说，尝到点甜头后，该收就收，一旦错过正确决策时间它就会成为错误的方案，使事情演变得更加糟糕，最后脱离自己的掌控。

命运掌握在你的手中，成功不在于获取多大的利润，而在于如何在商界中稳步发展，游刃有余，进退有度。物极必反，一味强调利益，太过贪心，只会失去更多。

见好要收才能使企业长久稳定的发展，看到坏苗头时，便不能盲目坚持，遇到强劲对手，或者环境对你有极大不利时，决不能抱着侥幸心理。除去狂妄自大，商人每作出决断，其成功的把握必须在95%以上，否则固执己见，只会让你输个精光，这是对自己不负责，对企业不负责。要清楚，一个错误的决定足以彻底毁掉一个公司，成也在你，败也在你。

10. 保持现金储备多于负债

一般来讲,企业倒闭不在于它规模大小、利润高低,而在于现金的周转,当没有办法支付到期的债务时,企业会像多米诺骨牌一样,瞬间垮掉。

创业需要贷款,企业运行、扩建同样需花销大量资金,可以说,跟企业沾得上边的事物,全部需要钱财打理。而现在很多企业家,虽表面多金,实则内部债台高筑,能活用的资金少之又少。

李嘉诚向来奉行"现金为王"的财务政策,即使处于楼市低迷时期,相比同行之人,李嘉诚更愿意采取低价销售策略,以达到快速回收资金的目的。

和记黄埔的商业模式定位是,通过一系列能产生稳定现金流的业务,为投资回报期长、资本密集型的新兴"准垄断"行业提供强大的现金流支持。

和记黄埔在这一原则指导下,在1998年亚洲金融危机过后,先后对外出售了Orange等资产,通过这些资产的出售获得大量资金,一方面平缓了业绩波动,另一方面用于投资港口、移动通信等"准垄断"行业。

此外,和记黄埔还采取了将各项目分拆上市的战略,使各项目负担自身的现金流,避免和记黄埔股价被严重低估。

再雄厚的资产在危难之际也不可变为现金,而现金是可以随时调动的,只要充足,你便可以应对随时而来的困境。因此,一个企业必须有自己的资金储备库。

李嘉诚很重视现金流,他常说:"一家公司即使有赢利,也可能破产,但一家公司的现金流是正数的话,便不容易倒闭。"

1994到1995年间,香港经济出现持续繁荣。为抑制楼价上升,政府推出了一系列措施,银行也一再调高贷款利率,双管齐下的调节方案使香港楼市陷入低谷。长江实业是以房地产开发为收入主要来源的企业,在这一年长江实业积极调整财务策略,大幅降低长期贷款,提高资产周转率,使流动资产大于所有负债。

1996年,香港经济逐渐恢复,房价和股市也进入繁荣时期,长江实业的流动资产净值大幅增长,但它并没有为了赢利而大举负债,依然保持原有的线性增长速度。1997年下半年亚洲金融危机爆发时,长江实业流动资产仍大于全部负债,避免了金融危机对其的影响。

李嘉诚曾对媒体表示:"在开拓业务方面,保持现金储备多于负债,要求收入与支出平衡,甚至要有赢利,我想求的是在稳健与进取中取得平衡。"

企业必须有充足的现金,才能应对突发而至的经济灾难。据长江实业财务公布的信息来看,长江实业集团对外投资等非流动资产占到总资产的75%以上,在经济危机来临之前,这种比例更是高达85%以上。面对如此巨大的资产,李嘉诚奉行"高现金、低负债"的财务政策,严格控制负债比例,使公司每次都能够在危机中规避风险,这也是他稳健经营的关键之处。

累积现金等于累积转机,同时也是累积机遇,世事无常,经济社会变幻莫测,商场如战场,面对突发而至的危机时,聪明与勇气只是辅助力量,能够真正支撑企业的还是现金。当负债庞大,债主上门时,无论是银行还是同行,都必须用仅有的资金偿还这些债务。而一旦企业成为空壳,人力资源、财力资源将全部消失,这便是众多企业彻底倒闭的原因。

借的始终要还,创业者必须节制贷款的额度,项目开发或企业扩建需要循序渐进。企业同样需要有个独立的备用小金库,储备足够的应急财务,并且要随着生意做大,扩大储备,千万别忽略"现金储备高于负债"这句话,必要时它会帮你"破"财免灾。

第七课

借力：要学会借鸡生蛋，以小搏大

要成就大事业，个人的力量是微不足道的，也是远远不够的。因此我们要借助别人的力量，集合团体的智慧，方能叩开成功的大门。李嘉诚被誉为"超人"，面对此等殊荣，他却说："你们不要老提我，我算什么超人，是大家同心协力的结果。"

1. 我算什么超人，是大家同心协力的结果

我常常看到一些小有成就的企业家，在一群人中高谈阔论自己创业如何艰辛，成功多么不易，成绩如何斐然……功劳苦劳均沾一身，却将员工付出的辛劳与汗水决然抹杀。靠一个人的力量无法支撑偌大的企业，众人齐心方可其利断金，忽略大家的努力，将功劳揽于一身的老板，无疑

是在为自己埋下失败的种子。

李嘉诚走到何处，均被人称为"超人"，面对此等殊荣，李嘉诚却常常说："你们不要老提我，我算什么超人，是大家同心协力的结果。我身边有300员虎将，其中100人是外国人，200人是年富力强的香港人。"

李嘉诚是个很聪明的领导者，他从不独占功劳，每次获得事业上的成功，他会将全部的功劳归于自己的员工，也因此得到了大家的尊重与认可，换来下属更努力的工作与付出。

一次，《明报》记者采访李嘉诚时问："您的智囊人物究竟有多少？"李嘉诚回答说："有好多吧！凡是跟我合作过、打过交道的人，都是智囊，数都数不清，比如，你们集团的广告公司就是。"

原来，当初李嘉诚在发售新界的高级别墅群时，曾委托《明报》旗下的广告公司做代理商。这家广告公司派人去别墅现场察看，发现别墅确实十分漂亮，然而美中不足的是别墅四周的道路还没修好，恰好当天还下着雨，道路泥泞不堪。

于是，广告商向李嘉诚提议："能不能稍迟些日子，等路修好，装修好几幢示范单位之后再正式出售。这样不但售得快，售价也可标高。"李嘉诚听完不停地点头，感激之情溢于言表。

"兼听则明，偏听则暗"，任何一项事物都具备多面性，一个人最多能分析出其中的几个点，但不会全面，集思广益才是最好的办法。李嘉诚总是乐于接受别人的意见，任何员工的意见，只要方法得当，他都会接受。

成功需要借助天时、地利、人和这三个条件，其中人和占着不可或缺的分量。俗话说"得民心者得天下"，民心所向，才能众望所归。要打造一流的企业形象，首先要借助员工的力量，使众人齐心协力，上下一心，方可成为一支强大的战队。

企业间相互竞争的武器,除了物质资源,便是人力,即使孤军奋战,也不可能做到以一敌十。企业间的较量不是单打独斗,必须依靠团队的力量。聪明的管理者善于采用各种手段,将员工的智慧与力量发挥到极致,从而提升整体组织的运作效率,众志成城才是获胜的关键。

李嘉诚非常重视自己的团队,他会保持自己的团队始终处于精英阶层。在李嘉诚的企业中,一些能干的人才都是从人才内阁逐渐进入到领导内阁中的。

20世纪80年代中期,"长实"管理层基本实现了新老交替,各部门负责人大都是30到40岁的少壮派。在李嘉诚的左右手中,还有一个显著的特色,就是聘用了不少洋人。李嘉诚认为,他聘用洋人是因为集团的利益和工作确确实实需要他们,用洋人管洋人,更利于相互间的沟通。

还有重要的一点,即有些老牌英资企业与欧美澳有广泛的业务关系,长江集团日后必然要走跨国化道路,启用洋人做"大使",更有利于开拓国际市场和进行海外投资,因为他们具有血统、语言、文化等方面的天然优势。

李嘉诚说:"决定大事的时候,我就算百分之百的清楚,我也一样召集一些人,汇合各人的资讯一齐研究。因为始终应该集思广益,排除百密一疏的可能。这样,当我得到他们的意见后,看错的机会就微乎其微。这样,当各人意见都差不多统一的时候,那就绝少有出错的机会了。"

李嘉诚懂得如何充分地调动员工的积极性,不断激发员工的潜能,使其展现出自己的才华。他很清楚,一个人无法作出最好的商业决策,唯有借助团队的智慧,相互借鉴与筛选,才能制定出一项伟大而不可撼动的战略。没有人是真正的"超人",李嘉诚也不是。所谓的"超人"是懂得发挥团队力量的凡人。

一根筷子容易掰断，但十根百根筷子无法轻易动之分毫。精明的创业者，懂得如何借助人力，达到企业发展的巅峰。那些白手起家的成功者，并不能真正做到神乎其神的点石成金，他们的成功在于他们比你更懂得如何将众人的智慧集于一身。

作为一个企业家，你必须清楚，你的成功靠的不是你一个人的努力，而是靠着身边所有人的努力，打江山靠的是他们，要坐稳江山，同样需要借助他们的力量。因此，你要拥有一颗谦虚的心和海纳百川的胸怀，广纳人言，博采众长，与众人建立起良好的关系，方能成就事业。

2. 成就事业最关键的是要有人能够帮助你

要事业有成，除了靠你个人的雄韬伟略、勇气、实力和资金，最重要的是要依仗他人的帮助。一些创业者年轻气盛，认为万事俱备，单枪匹马足可应对自如，然而一脚跨入商界，才发现自己只不过是个门外汉。

李嘉诚说："假如今日，如果没有那么多人替我办事，我就算有三头六臂，也没有办法应付那么多的事情，所以成就事业最关键的是要有人能够帮助你，乐意跟你工作，这就是我的哲学。"

聪明不代表能在商界吃得开，个人的处事谋略与智慧有限，生意要做好、做强，就必须借助专业人士的力量，企业能否做得风生水起，最重要的是企业背后强大的人才团队以及军师。没有这些智囊的帮助，你身后的企业不过是"豆腐渣"，稍微一点风吹草动，就可能土崩瓦解。

一家企业的领导，要有识别人才与留住人才的能力。在李嘉诚看来，企业发展的关键因素是对人才的吸引和使用。李嘉诚多次在接受传媒访问时表示,企业能否吸引到足够的人才,将是在商业竞争中是否胜出的关键。

"海纳百川,有容乃大",李嘉诚最初创业的时候,将工厂的名字命名为"长江"是基于长江不择细流的想法。在以后的岁月里,李嘉诚一直坚持长江不择细流的用人观念。

1980年,李嘉诚提拔盛颂声为董事副总经理;1985年,他委任周千和为董事副总经理。1985年,盛颂声因移民加拿大,脱离长江集团,李嘉诚和下属为他饯行,使盛氏十分感动。而同时元老周千和仍在长实服务,他的儿子也加入长实,成为长实的骨干。

有人说:"李嘉诚这个内阁,既结合了老、中、青的优点,又兼备中西方色彩,有成效极佳的合作模式。"

李嘉诚则认为:"长江实业能扩展到今天的规模,是要归功于属下同仁的鼎力合作和支持。"令李嘉诚骄傲的是,他的公司在过去十多年中,中高层行政人员流失率不到1%,这比香港任何一家大公司都要少得多。

一些人总结李嘉诚成功的原因时发现,他的周围总是聚集着一大批志同道合、才华横溢的商界英才。的确,在长江初具规模之际,李嘉诚便开始着手挖掘与选拔人才,他打破东方家族式管理企业的传统格局,构架了一个拥有一流专业水准、超前意识且组织严密的现代化"内阁",来配合他苦心经营起来的庞大的李氏王国。

善于借助外力,利用一切有利条件,迅速发展自己,是许多企业的成功之道。因此,发现人才、挖掘人才,并要将其留住,是每个成功企业家都必须关注的事情。现今一个企业要留住人才,不能只靠金钱利诱。当今是企业与人才互选的时期,你审视人才的同时,对方也会审视你,考虑你以及你身后企业是否值得自己付出,自己是否有留下来的价值与意义。

创业之初的李嘉诚没有足够的经济能力给员工提供好的生活，但是他以身作则，带领员工埋头苦干，与员工同甘共苦。

李氏的功臣周千和回忆说："那时，大家的薪酬都不高，才百来港纸（港元），条件之艰苦，不是现在的青年仔所想象的。李先生跟我们一样埋头拼命做，大家都没什么话说的。"后来李嘉诚因为年轻气盛，差点使长江破产，为了缓解危机，他不得不裁员，而周千和就在裁员的名单内，周千和气愤不过便找李嘉诚去理论。

李嘉诚对他说："工厂因为退货太多，不能正常生产，先让生活最困难的员工留下来，等情况好转了，我马上会让你回来上班，请你能够理解。"周千和说："我也是靠工资生活的，我没有工资，全家人吃什么喝什么呀？"李嘉诚对他说："我有饭吃，你就有饭吃，我能让你一家老小挨饿吗？"

此后，在周千和被裁减的日子里，李嘉诚经常买粮、送菜到他家。后来，工厂有了起色，周千和重新回到厂内，李嘉诚也提高了员工的工资水平和福利待遇。

李嘉诚曾说："我不是一个聪明的人，我管理员工只用一个简单的办法：一是给他们相当满意的薪金花红，二是你要想到他将来要有能力养育他的儿女。所以我们的员工到退休的前一天还在为公司工作，他们会设身处地地为公司着想。因为公司真心为我们的员工着想。"

做老板要做到能与下属同甘共苦，时刻照顾他们的利益，便能使对方从心眼里佩服与敬重你，从而心甘情愿地为你工作，同你共进退。

现今有太多生意人，为了谋取眼前利益，忽略对下属的关心，将下属当机器一样使用，但给的薪金却与其有很大差距，这是造成企业时时换新人，年年都招聘，到处张贴招聘信息的原因。而企业内部不断换新人，便无法达到上下一心,合作默契的效果。

经营者不可忽略人道主义的经营策略,要留住人才,使之死心塌地地跟随,就别吝啬于与之一起分享利益。得人心者,战无不胜,生意场上同样如此,想成就自己的霸业,就得想办法留住人才,让对方真心实意地帮你。

3. 借别人的钱,赚更多的钱

我常听到一些成功的企业家说:"傻瓜才会用自己的钱去创业,人要给自己留个后手,真正会赚钱的人,是借别人的钱,赚更多的钱。"

成功学大师卡耐基曾说:"当一个人认识到借助别人的力量比独自劳作更有效益时,标志着他的一次质的飞跃。"善用别人的钱赚钱,是获得巨额财富的一条捷径。富兰克林、尼克松、希尔顿都曾用过这个方法。

在与置地公司的对弈中,实力不足的李嘉诚通过这种迂回的方式在这场博弈中,取得了巨大的利益。而真正竞争的双方却并没有获利多少,这就是李嘉诚的智慧:借助别人的力量达到自己的目的。

其实,不只李嘉诚,所有的成功商人从弱小走向壮大,都是靠着借钱生钱的方法,如我们所熟知的王永庆,以及三星、松下、福特、洛克菲勒等公司的创始人。可以说,大部分声名显赫的企业家都不会拍着胸脯说:"我全靠自己手里的钱做生意,就赚了这一生都花不完的钱!"

因此,对于身无分文,却想要创业的人来说,实现自己宏伟计划的关键不在于你有没有本钱,而在于你是否会借用别人的钱赚取更多的收益。

丹尼尔·洛维格9岁时，听说邻居有艘柴油机帆船沉到了水底，船主想放弃它，便向父亲借了50美元，付出其中一部分雇人打捞船只，又用另一部分将其买下了来，请人将其修理好，再转手卖了出去。结果，他从中净赚了50美元。经此一事，洛维格发现，对于一贫如洗的人而言，要想拥有资本就得借贷，用别人的钱，赚更多的钱。

丹尼尔·洛维格想创业，却身无分文，唯一的途径就是向银行贷款，但因为他没有任何担保，没一家银行愿意贷款给他，后来他想到自己有一艘老油船。他将其修理改装后租给了一家大石油公司。他带着租约合同去了纽约大通银行，将情况告诉了银行，并承诺可以让石油公司把每月的租金直接转给银行，以分期抵付银行贷款的本金和利息。

银行考虑那家石油公司有足够的信誉和良好的经济效益，便答应给洛维格贷款。洛维格拿到贷款后，马上买下了一艘货轮，再动手加以改装，使之成为一条装载量较大的油轮，接着继续把油轮包租给石油公司，后又以租金为抵押，向银行贷款，再去买船，如此循环往复，像滚雪球似的，一艘又一艘油轮被他买下租出。随着一笔笔贷款逐渐还清，油轮的租金不再用来抵付给银行，而是直接转入了他的私人账户。

毫无资本的人，借用别人的钱来赚取更多利益的举动，的确妙到极点。由上文可以看出，掌握好这一点，创业不再只是富二代的特权，每个人都有选择创业、追求更高财富的权利，而是看你是否做好了准备，是否懂得如何借钱生钱。

对稍有积蓄并打算创业的人而言，千万不要傻到将全部储蓄用来创业，做生意有一定的风险性，自信不能阻止意外，你需要为自己留个退路。否则，一旦创业失败，你所拥有的一切都将烟消云散。

生意是死的，人是活的，从那些白手起家的人生经历中，你可以看到，他们无一不是从无到有，从弱到强，一步一步走上了大商人的行列。既然选择了这一行，你就应当有信心，认为自己完全可以成为他们中的一员，拥有巨额的财富。做生意不一定要积攒下丰厚的本金，聪明的经商者懂得借钱生钱的技巧，以小搏大，赢得最终的成功。

4. 贵人相助，成就人生的支点

孟子说："良禽择木而栖，贤臣择主而事。"聪明的人想谋求更好的发展，会寻找好的宿主，借助贵人的帮助，一展所长。做生意同样如此，闯荡商海江湖，单打独斗，势必势单力薄，而有一帮誓死效忠的手下，也比不上一个贵人相助。

李嘉诚曾说过："良好的品德是成大事的根基，而成大事的机遇是靠遇到贵人。""贵人"是撑起你成功人生的支点。"蒙贵人相助，可少奋斗十年"，这在商界是一句金玉良言。

何为贵人？在你身处逆境之时，拉你一把，助你摆脱困境；在你弱小之时，献上一策，帮你尽快壮大；在你事业上升之际，再添上一力，使你一飞冲天……这就是贵人。

无论何时，李嘉诚都很注意与那些实力强大的人交往，他认为，借助贵人的力量，方可少走弯路，拉近与成功之间的距离。

1992年底，汇丰银行在港发行股票总市值为1399亿港元，占香港全部上市公司总市值的10.5%。该年度，集团总赢利为129亿港元。

当时汇丰集团董事局常务副主席为沈弼，是他在60年代为刚入航运界不久的包玉刚提供了无限容贷款,使其成为一代船王。因而,李嘉诚也想攀上这根高枝。

地铁车站上盖发展权一役,显示出了李嘉诚的大智大勇,由此带来的声名和信誉,令汇丰大班沈弼对这位地产"新人"格外关注,欣赏有加。

1976年,汇丰开始拆卸旧华人行,清出地基,发展新的出租物业。由于此时正处于地产高潮时期,该物业又处于黄金地段,因此地产商们闻讯后莫不蠢蠢欲动,李嘉诚自然也是其中之一。沈弼在接到李嘉诚的合作意向材料后,当即拍板确定长实为合作伙伴。

实际上,除了商场才干令沈弼赏识外,李嘉诚还曾经卖给沈弼一个不小的面子。九龙仓争夺战中,沈弼派人劝说李嘉诚退出这场战役,李嘉诚答应了汇丰这一要求,让沈弼对李嘉诚的好感又上升了一个层次。

李嘉诚与汇丰合作从良好开端发展为未来的"蜜月"。汇丰力助长实收购英资洋行,并于1985年邀请李嘉诚担任汇丰的非执行董事。可以说,李嘉诚能有后来的辉煌,汇丰银行功不可没。

商场如战场,单靠自己拼搏摸索,不仅耗时耗力,获得成功的机会也会变得很渺茫。因此,你必须清楚,得"贵人"相助,就等于得到了指引你前进的方向。

戴尔·卡耐基说:"在影响一个人成功的诸多因素中,人际关系的重要性要远远超过他的专业知识。"作为领导者,要充分认识到合作和团队的重要性,善于寻找并抓住身边的贵人,这样更利于自己的发展。

朱可夫尽管与斯大林多次发生争执,甚至表现出不敬,但斯大林还是以他特有的洞察力和宽容,看出朱可夫有超乎常人的才干。二战时,斯大林提拔并重用朱可夫,给了朱可夫成就伟业的机会和舞台。

列宁格勒保卫战、莫斯科保卫战、斯大林格勒战役、基辅会战、攻克柏林,朱可夫打赢了与他有关的每一场战役。仿佛有战神附体,朱可夫尽展抱负。然而,若没有斯大林当初的慧眼识英才,朱可夫又如何成为功勋卓著的伟大人物?

愚蠢的商人只会傻傻地等待机会,聪明的经营者懂得如何抓住机会,成功的生意人却懂得如何创造机会,让贵人自己登门。想要成为一个成功者,你必须记住:一个积极主动、忠诚敬业、追求卓越的人,比一个投机取巧、马虎轻率、拖延懈怠的人更容易抓住机会,获得贵人的青睐。

成功不能光靠埋头苦干,"准备"二字亦非说说那么简单,谁都有遇到贵人的机会,只有抓不住机会的人,没有遇不到机会的人。热爱自己的事业,并对自身工作投入激情与专注的人,才能做出超乎常人的出色业绩,吸引起贵人关注的目光。

人脉仿佛生意人的双脚,有良好人际关系的人,涉足任何领域,所经受的磕绊都会大大减弱。而贵人是人脉关系中最重要的一环,在做生意的过程中,能博得贵人相助,方可以小博大,赢得更多的胜利。

5. 善借外脑,而非独断专行

做生意处处存风险,仅仅凭借一个人的智慧,无法考虑周全,商业竞争没有什么情面可讲,把你撤下去是同行无时无刻不在动的脑筋。因此,若你不想栽跟斗,千万别自信到独断独行。"三个臭皮匠顶一个诸葛亮",一个项目要如何开发以及规划,将风险降到最低,需要不同的见识,作出不同的分析以及判断,从而总结出最详细、最完善的策划案。

李嘉诚曾经说过："长江取名基于长江不择细流的道理，因为你要有这样旷达的胸襟，然后你才可以容纳细流。没有小的支流，又怎能成为长江？只有具有这样博大的胸襟，自己才不会那么骄傲，不会认为自己样样出众，承认其他人的长处，得到其他人的帮助，这便是古人说的'有容乃大'的道理。假如今日，如果没有那么多人替我办事，我就算有三头六臂，也没有办法应付那么多的事情，所以成就事业最关键的是要有人能够帮助你，乐意跟你工作，这就是我的哲学。"

周年茂的父亲是长江的元勋周千和。周年茂还在学生时代，李嘉诚就把他作为长实未来的专业人才培养，送他与其父一道赴外国专修法律。

周年茂回港即进长实，李嘉诚指定他为公司发言人。两年后他被选为长实董事，1985年他同父亲周千和一道被擢升为董事副总经理。

周年茂任副总经理，是去顶移居加拿大的盛颂声的缺，主要负责长实系的地产发展。茶果岭丽港城、蓝田汇景花园、鸭脷洲海怡半岛、天水围的嘉湖花园等大型住宅屋村发展，都是由他策划落实的。他肩负的责任比盛颂声还大，但他不负众望，得到公司上下"雏凤清于老凤声"的好评。

长实参与政府官地的拍卖，原本由李嘉诚一手包揽，而现在却是由文质彬彬的周年茂负责。周年茂外表像书生，却有大将风范，临阵不乱，谁竞谁弃，能较好地把握分寸，这让李嘉诚感到放心。

李嘉诚从一个卑微的打工仔，成为香港首富；长江也由一间破旧不堪的小厂，成为庞大的跨国集团公司。若单靠一己之力，即便夜以继日地工作、赚钱，也无法累积如此多的财富。

"众人拾柴火焰高"，成功的企业家懂得如何借用外脑，使自己的企业内部日益强大，运行通畅。从做生意的那一刻，你就应该清楚，你的任何决策，将决定生意的成败以及企业的生死存亡。有问题，有决策，思考的人越多,分析便会越透彻,行动起来,也会目标越发明确,成功概率越高。

企业不断壮大,一个人总有脑力透支的时候,"皇帝倒下,皇城慌",聪明人不会包揽,而是善于借用他人脑力,管理自身能力以外的事务,这不仅能大大减轻自身的负荷,更能为企业增添新的动力源泉。

长江的地产发展有周年茂,财务策划有霍建宁,楼宇销售则有女将洪小莲,他们三人被称为长实系新型三驾马车。在长江转为长江实业的初期,这些工作由李嘉诚"一脚踢"(一手包揽),其领导角色,由管事型变为管人型。正如商场战场流行的一句话:"指挥千人不如指挥百人,指挥百人不如指挥十人,指挥十人不如指挥一人。"指挥一人,是指抓某一部门的主要责任人。当然,对集团的重大决策事务,李嘉诚还得亲力为之。

李嘉诚为了从塑胶业彻底脱身投入地产业,聘请美国人Erwin Leissner任总经理。其后,长江实业再聘请美国人Panl Lyons为副总经理。这两位美国人是掌握最现代化塑胶生产技术的专家。

李嘉诚入主和黄洋行后,提升李察信(John Richardson)为行政总裁,自己任董事局主席。到1983年,李察信与李嘉诚在投资方向上"不咬弦",李察信离职,李嘉诚又雇佣另一位英国人——初时名不见经传,后来声名显赫的马世民(Simon Murray)。

企业好比一个国家,君、臣、民缺一不可,臣需要通过了解市场,了解民生,不断规划,逐步稳定企业之根,对外、对内作出一系列决策上报于君。君需要通过与臣的沟通、商议,作出最终议案,付诸实施,方可平定江山。

李嘉诚的聪明之处在于他善于借助外脑,借助旁人的智慧,帮助自己经营。人才的累积是李嘉诚集团走到现在的重要原因。这是一种积少成多的智慧,人才的储备让他拥有了更多的能力来发展公司。

"借鸡生蛋",借的不只是钱,还有人才。摆领导架子,独断独行,其结果只会众叛亲离，落得孤军奋战的下场。一个实力超强的企业，除了要有完善的硬件措施，更重要的是软件程序要先进、完备。人才汇集形成的力量不是简单的智慧的累加，而是相乘。累积人才是1+1>2在商场上的运用。

6. 借壳上市，省时省力又省财

阿基米德曾说："给我一个支点，我可以撬动整个地球。"对于一个不断扩大发展的企业来讲，要想获得更迅速的发展，成为商业巨头，同样需要一个支点，而这个支点就是改制上市。

但企业上市不像接单生意那么简单，企业上市是一项复杂的金融工程和系统化工作。对于企业而言，它要组织发动大量人员，调动各方面的力量和资源进行工作，因此，要上市就要付出相当大的人力、物力和财力。

而公司上市，按照正规流程来讲，必须经历综合评估、规范重组、正式启动三个阶段，整个流程下来最少需要一年半载的时间。

上市难，难于上青天，但随着经济社会不断发展，政府提供了一条捷径，帮助一些想上市公司尽快达成目的，这条捷径便是——借壳上市。借壳上市会比你按照普通程序上市少很多审批手续，不仅省时，更省力省财。

在李嘉诚的言传身教下，李泽楷将"借钱生钱"之技发扬光大。李泽楷成立盈科公司后的第一项举措就是借壳上市。

不出一个月，李泽楷就成功收购了海裕亚洲公司的股份。他将公司改名为盈科亚洲拓展公司，并将公司的业务范围进行了调整与重新进行定位，使其主要从事地产业、酒店业及以香港为基地的鹏利保险业。

后来,他成立了盈科拓展集团,旗下公司包括在香港上市的盈科保险公司、盈科数码动力有限公司,在新加坡上市的从事地产和投资的盈科亚洲拓展有限公司。1998年5月,李泽楷用3.15亿美元购得了一个在香港股票交易所挂牌的公司,将其改名为太平洋世纪数码,即盈科动力。盈科动力的市场资本随之达到了3500亿美元,李泽楷控制的资产额一度超过了他的父亲李嘉诚。行内人士笑称:"李泽楷一天就赚了他老爹一辈子的钱。"

中小型企业可以通过上市实现规范发展,利用资本市场获得长期稳定的资本性资金,并有效地提升企业品牌价值和市场影响力,同时大大提升公司股权的额度值。

借壳上市不需要经过国务院或者国务院授权的证券管理部门的批准,它是通过收购对已经上市的公司的股份进行控股,然后将对方的名字改成自己公司的名字,达到上市的目的。这是一种快速进入资本市场的方式。所谓借壳就是借原来那家上市公司的名义,从而实现自己发行股票的目的。

1999年5月4日,李泽楷创造了世纪末的奇迹。他买下了一家市值3亿多元的空壳上市公司——信得佳公司,使其在一日之内摇身一变,由原来的市值40亿元在一天之内变成市值600亿港元。该公司发行的股票成为人人追捧的高科技概念股,李泽楷口袋中的股票也由此暴涨至379.6亿港元,这使得盈科集团成为拥有一个660亿港元市值的上市公司。

1999年底,李泽楷的信得佳公司上市之后,他与英特尔公司合作经营的太平洋聚合公司在经营互联网生意上踏出第一步,分别与英国电视体育制作及广播公司和香港的软件方进行合作,发展网站以及"企业对企业"的电子商贸业务。

借壳上市的做法大致分为三步：第一，公司先剥离一块优质资产上市；第二，通过壳公司大比例的配股筹集资金，将公司的重点项目注入到壳公司中去；第三，用配股将公司的非重点项目注入进壳公司，实现借壳上市。

借壳上市一般在3至4个月内可以完成，无论是在时间上，还是程序上都比直接上市来得快，并且入市门槛比较低，大受民企欢迎。

对于中小型企业而言，借壳上市如今已经取代IPO成为上市热点。据调查，在海外一些国家或城市借壳上市，其成本更低，时间更快。

因此，上市并非太大的难事，只要领导人能够掌握如何借壳，按照简单的流程行事，很快你便可以实现上市的梦想，获得进一步发展，成为经济时代的商业巨头之一。

7. 巧借"东风"，顺流行船

古人云："登高而招，臂非加长也，而见者多；顺风而呼，声非加疾也，而闻者彰。"诸葛亮山观气象，巧借东风火烧赤壁，将曹操打得狼狈而逃。做生意，如同行军打仗，想要成功取胜，必要时要懂得观察局势，借"东风"，行好船。

李嘉诚成功之处在于审时度势，目光长远，具有把握大势的能力。无论处于任何环境，他都能做到淡定自若，观察局势，从中发现商机。李嘉诚的很多行为看上去像是逆流而上，实则是顺水而行。

1966年底，谣言四起，一时间香港人人自危，许多有钱人士纷纷移民，并贱价抛售物业。新落成的楼宇无人问津，整个房地产市场卖多买少，有价无市，地产、建筑商们焦头烂额、一筹莫展。

拥有多处物业的李嘉诚自然也忧心忡忡，他通过多种渠道，密切关注事态的动向，因为一旦战争爆发，他的物业会立刻变成一堆废物。

李嘉诚毅然决定，人弃我取，趁低吸纳。他通过各种渠道搜集售房卖地信息，将买下的旧房翻新出租。又利用地产低潮，建筑费低廉的良机，大举兴建物业。当时，一些人认为李嘉诚疯了，更有甚者，居心叵测，等着看李嘉诚身败名裂。

然而，1970年，香港时局恢复稳定，百业复兴，地产市道转旺。20世纪70年代初，李嘉诚拥有的收租物业约3万平方米，每年租金约为390万港元。

洞察力敏锐，会给商人带来无尽的财富。精明的商人，懂得看透各种假象，摸清事态发展，透过局势发现商机，创造更多财富。李嘉诚便在动乱的社会格局中，巧借"东风"成为地产大灾难中的大赢家。

生意人自身必须做到面面俱到，除了掌握各方面的知识，了解经商要旨，统筹规划，不断研究市场走势，还必须审时度势，认清时局客观形势，明察事物发展过程中显露的时机，把握住时机。

20世纪80年代，日本正处于空前的高消费结婚热潮之中。而这时，一位日本人从菲律宾带回一种名叫"偕老同穴"的商品，其实物价格只有1美元，但把它装进一个盒子就能够卖出3000日元，且供不应求。

其实这件商品不过是生长在热带海上的小虾，幼时会进入有裂缝的石头中，成长为雌雄双体的雌雄虾，并在石头中度过它们的一生，这便是"偕老同穴"一词的由来。此虾既不能食用，又不太美观，这位日本人却顺应时局潮流，打造出深远寓意，给人们幸福的"偕老同穴"这一产品，名称的稀奇以及产品的奇特相结合，使此物升价百倍，成为当时结婚热流中，最受尊崇的婚庆商品。

掌握住时局动向，要学会"推波助澜"，借用商业大潮流将自己的事业推向一个小潮流。盲目随波逐流，只能敲敲边鼓，发点小财，你要在潮流泛滥中找准自己的位置，冲破大流，站在浪尖，才能获取更多的财富。

经营上的黄金规则证明：市场是创造出来的！市场经济的变化不像潮起潮落那样有规律，在经济活动中能够审时度势，的确很不容易。今天看似畅销的商品，没准明天就变成了积压货物；原本无人问津的产品，却被不知名的一阵风吹成了抢手货等等。在这种变幻莫测，难以掌控的经济社会中，若你不懂得如何把握局势，从中探出"水"的流向，只会乱冲乱撞，败出商场。

经商不仅要靠借助人力物力，更要学会借助局势的力量，局势一旦产生变化，人们对事物的看法以及需求也会改变，掌握住这一点，你才能做到时动你变，时稳你富。

8. 紧跟政府长远规划，政策就是机遇

赚钱机会无处不在无时不在，但做生意跟指挥作战一样，需要审时度势。聪明商人的经验是干出来的，是总结出来的，但成功的商人绝不能仅凭经验办事，不能"跟着感觉走"，不能把昨天的智慧等同于今天的智慧。

有些商人在创业初期，发现了商机就抓住不放，大胆快速地决策，挖

掘出公司发展的"第一桶金"。但公司发展到一定规模以后,再沿用"拍脑袋"和"灵光一现"的决策方式,"跟着市场走",凭经验决策,只会给公司造成毁灭性的打击。掌握国家宏观经济政策及最新的商业资讯,是商人在进行决策前必须做的,否则,全凭经验决策,会造成很多不必要的损失,甚至使企业面临倒闭的危险。

范桂贤13岁就开始自谋营生。小学刚毕业,就接了父亲的班,成为国企职工。但是他并不甘心一辈子只做个小职员。1978年范桂贤怀揣5块钱,开始了一段非同寻常的创业路。他从贩卖咸鱼冻肉起步,赚取了第一桶金。

1995年,他用多年的积蓄在清远开办了三个加油站,随后在中石化大笔并购全国加油站之时,迅速出让,果断转向专业市场开发。

20世纪90年代,国家提出建设批发市场,范桂贤积极响应政策,于1996年成立广州市盛贤投资有限公司,专攻高档批发市场。2008年初,范桂贤投资5亿元人民币准备进军玩具批发市场。当时广州最大的玩具批发市场正是李嘉诚的广州国际玩具城。

金融危机爆发后,玩具业受到重创,然而范桂贤不急不躁,将自己当年做批发市场的经验转用于此,低价招租,先聚人气后招财气。事实证明,这一招很对路,展贸中心首期3万多平方米的经营面积全被租满,范桂贤也因此成为中国玩具销售市场的"专业霸主"。

企业不按政策出牌易摔跟头,而紧跟政府长远规划,就能将政策转变为机遇。国家政策是生意人的天气预报,加息、调控,任何一个政策异动、政府信息,都可能影响到生意人的命运。

企业在开展与国家政府机构间的公共关系活动时,生意人应密切注意国家政策及其动向,以便于用足用活政策,同时还应及时了解国家的有关计划，收集汇编各级政府及有关部门下达的各种文件，颁布的各种政策、法令，进行归类分析研究，密切注意并分析代表国家和地方政府的各种新闻传播机构的动态。

1978年，港府采取半官方的房委会与私营房地产商建房的两路政策，推行"居者有其屋计划"。当时所建楼房分公共住宅楼与商业住宅楼两种，前者为公建，廉价出售或租赁给低收入者；后者为私建，主要售予中高收入的家庭。一个大型屋村，往往由政府与多个地产商共同开发，从中李嘉诚看到了大型屋村的发展机遇。

20世纪70年代末至80年代初，李嘉诚先后完成或进行开发的屋村有：黄埔花园、海怡半岛、丽港城、嘉湖山庄。虽然单个建筑的利润不及兴建商业楼宇，但总体盈利极为丰厚。

在香港，屋村与李嘉诚之间渐渐画上了等号，赢得了"屋村大王"的称号，成为独树一帜的地产新贵，备受全港瞩目。

李嘉诚曾说："为了适应时代发展变化的需要，也为了企业自身的生存和发展，企业必须以市场为导向、以创新为手段、以效率为核心，重建企业形象。"

精明的商家不会放过任何一个可以借势发财的机会。企业只有紧跟政府的长远规划，时刻与政府保持紧密的联系，才可从政府主管部门中得到各种有用的信息，把握住政策、形势动向，为企业的生产、生意决策服务，使企业处于主动地位。

第八课

互惠：合作是商人腾飞的起点

　　李嘉诚说："做事要留有余地，不把事情做绝。有钱大家赚，利润大家分享，这样才有人愿意合作。假如拿10%的股份是公正的，拿11%也可以，但是如果只拿9%的股份，就会财源滚滚来。"他认为，顾及对方的利益是最重要的，不能把目光仅仅局限在自己的利益上，自己舍得让利，让对方得利，最终会给自己带来更大的利益。

1. 有钱大家赚

　　商人以追求利益为本，"无利不起早"，但做生意讲究的是合作，一个人做不成买卖。生意要做得顺利，并与他人建立长期的合作关系，就必须记住何鸿燊曾说过的一句话："钱，千万不要一个人独吞，要让别人也赚。"

　　有钱大家赚，才不会破坏合作关系；利益共享，让大家都尝到了甜头,才能为下一步的合作打好基础。生意上的交涉,除了钱就是钱,一方人若将利益独占,合作也就没有意义,生意也无法继续维持下去。

李嘉诚也说过:"如果一单生意只有自己赚,而对方一点不赚,这样的生意绝对不能干。"

1987年11月27日,位于九龙湾的一块政府公地拍卖,因为地理位置良好,拥有极高的开发价值,房地产界的多数大亨都参加了这块地皮的拍卖,当天李嘉诚也出现在拍卖场上。

一开始李嘉诚就和一位竞标者连叫两口,使底价连跳两次。就在这个时候,拍卖场上响起了一个李嘉诚非常熟悉的声音:"2.15亿！"李嘉诚回过头一看,原来是一直与之保持良好合作关系的胡应湘。李嘉诚回头对胡应湘微微一笑表示友好的时候,胡应湘也报以笑容。

竞争价格不断被抬高,就在人们处于兴奋中时,李嘉诚的得力助手周年茂悄悄地走到胡应湘的助手何炳章身边,对他一阵耳语。结果,胡应湘居然就此退出竞投不再应价。

价已经加到4亿港币,拍卖场上敏感的临界线就要到来。竞投各方默默在心里打着自己的算盘。这时,李嘉诚再次举起他的"擎天一指",报出4.95亿港币的天价,令在场的所有人侧目。

拍卖师一锤定音,李嘉诚终于将这块公地收入怀中。不过,令人感到惊讶的是,在拍卖会后李嘉诚立刻宣布:"这块地是我和胡应湘先生联合所得,将用以发展大型国际商业展览馆。"原来,这就是看起来来势汹汹的胡应湘会突然退出竞投的原因。

李嘉诚分得一点好处给胡应湘,使他不再与自己继续较量,抬高地价,同时让彼此在拍卖场上化敌为友,不仅在自己预期的价格内竞标成功,而且为将来的发展多留下了一条后路。因此,有时候表面上看起来并不占优势的事情,对自己将来的发展却会有极大的帮助。

李嘉诚说过:"求生意做难,生意跑来找你就容易做。"你懂得遵循双赢的准则,有钱大家赚,当对方有了赚钱的生意时,也会想到分你一杯羹。利连利,你自然而然会赚得更多。

在商场上打混,全是为了利益,空手的交易没人去做。你想多挣一分,对方也想多得一毫,争来争去,买卖不成,反而多了个竞争敌手,得不偿失。对待自己的员工也不可过于吝啬,生意火了,企业越办越大,工资也要涨,如此,员工才会心理平衡,愿意跟着你,共同创造财富。因为他们清楚,他们创造得越多,让企业赚得多了,他们的收入也水涨船高。

一个成功的企业家不怕没有生意,而怕没有关系,生意难做,但有了关系一切就不成问题。拉近彼此关系唯一的办法,就是互惠,生意人之间用利益建立关系才是上上策。

商人一定要懂得利益共享,否则,很容易在生意场上树立敌人,带来恶性竞争,使生意难以做下去;懂得利益共享,有钱大家赚,就会形成良好的合作氛围,使生意越做越顺。

2. 想变得更强大,就变竞争为合作

要壮大自己的事业,重点不在竞争,而是合作。竞争只会不断为自己树立"敌人","敌人"越多,生意就如履薄冰。精明的商人懂得,要壮大自己,就要将竞争变为合作,"众人拾柴火焰高",同行之间团结起来,共同作战,其收效远比孤军奋战来得快、稳。

李嘉诚认为,善于合作,才能壮大自己。强强联手,共谋发展,才能将目标顺利拿下，但这之中牵扯到利益关系，因此，要友好合作不是太容易。在李嘉诚认为，要用合作来壮大自己，就不能太贪图利益。的确，退一步海阔天空，有时候吃点小亏，却能换来大利益。

李嘉诚看好了香港的一家钢铁公司——东荣钢铁。他在众多未来的合作伙伴中选择了首钢，而首钢有意在香港上市，看中了李嘉诚的声誉与影响力。更重要的是，东荣钢铁与首钢的入港发展方向吻合。于是，两大商业巨头一拍即合，准备收购东荣钢铁公司。

1992年10月23日，首都钢铁、长江实业、怡东财务、东荣钢铁在北京签订了有关收购东荣钢铁的协议。收购方的股权分配是：首钢51%、长实21%、怡东3%，一共为75%的东荣股权。

1993年4月2日，首钢、长实第二次合作，收购联合系旗下三泰实业。三泰实业是一间生产电子产品的上市公司。收购后，三家的股权分配是首钢46%、长实19%、怡东35%。5月，东荣从长实和怡东手中购回三泰股份。同月，东荣正式改名为首长国际，大股东仍是首钢、长实、怡东3家，三泰实业挂在首长国际旗下。

1993年5月18日，首长国际收购开达投资，将其改名为首长四方。1993年8月12日，首长国际又集资1.74亿港元，收购建筑公司海成集团。1993年9月12日，首长国际全面收购宝佳集团，涉及资金11亿港元，这是首长国际涉金额最大的一次收购。

经过5次收购后，首长国际在香港站稳了脚跟，实力大增，于是，调头向内地进军，与内地政府企业达成的合作项目所涉金额达百亿以上。

壮大企业光靠竞争无法更快速地达成目的，反而会使风险增加，合作恰恰能省去很多复杂以及难以实现的环节。选择一个有实力的合作者，对一个企业的发展至关重要。

任何一个成功者都不会自大到靠个人的实力去将企业做大，要使企业从地区级走向国家级，从国家级成为跨国集团，就要懂得如何通过利益，将竞争变为合作，集合双方的人力、物力、财力共同达成目标，达成双赢的结果，在壮大自己的同时，发展更为坚实的长期商业合作伙伴。

经济学家钟朋荣曾经讲过这样一个故事：在原始森林中，三条饥饿的小狼狗见到一匹大斑马，于是，它们一起扑了上去。第一只小狼狗一上去就咬住了斑马的鼻子，无论斑马怎么撞它，它都咬得死死的，一点不松口；第二只小狼狗一上去就咬住了斑马的尾巴，无论斑马怎么踢它，它都咬得死死的，也一点不松口。

庞大的斑马前后都受到了攻击，已经丧失了自卫的能力。这时，第三只小狼狗开始咬斑马的腿，斑马无力反抗第三只小狼狗，只得任凭它撕咬。不一会儿，斑马倒下了。这时，三只小狼狗一起扑到斑马身上，享受它们的美餐。

如果只知竞争，势必造成两败俱伤的局面，就算你是最后的赢家，也已是心有余而力不足，只能眼巴巴地望着眼前的猎物潇洒离去，等到竞争对手恢复体力，你还要时刻提防对方的报复。内忧外患，会让你陷入两难的境地。

将竞争变为合作，有利于改善"同行是冤家"的局面，同时能使企业获得更多的发展机会，在合作中增强自身的实力，提升自己的地位，是在竞争中争取主动权的一种积极做法。

商场合作要建立在利益的互惠之上，在共赢的基础上达成一致，合作就不会是难事。对企业而言，合作意味着走捷径。生意人不能只一枝独秀，要多建立几个合作关系，使选择面更广阔，从而以合作找合作，让一张大网无利不收。

3. 要照顾对方的利益，这样人家才愿与你合作

古往今来，商业社会，时时处处硝烟弥漫，尔虞我诈层出不穷，很少有人舍得退后半步，让出一分利，但从现代商业角度来分析，"和气生财"才是上策。

加拿大名记者John Demont曾对李嘉诚赞叹不已，他说："李嘉诚这个人不简单。如果有摄影师想为他摄像，他是乐于听任摆布的。他会把手放在大地球模型上，侧身向前摆个姿势。"李嘉诚常常说："要照顾对方的利益，这样人家才愿与你合作，并希望下一次合作。"

1982年，香港出现了移民潮，资金流失，汇率大跌，加上欧美日本经济纷纷陷入衰退之中，地产市道滑落，兴建的楼宇由俏转滞。1983年，地产市场全面崩溃，置地陷入空前危机。

怡和大股东凯瑟克家族向纽璧坚"兴师问罪"，纽璧坚无奈之下辞去所有职位。这是李嘉诚收购港灯的最佳时机，当时在怡和服务过14年的马世民也劝李嘉诚从置地手中夺得港灯。但是李嘉诚奉行"将烽火消弭于杯酒之间"的战略，主张以谈判的温和方法购得。

西门·凯瑟克接手怡和、置地的管理大权。1984年，西门·凯瑟克出台了"自救及偿还贷款"的计划，主要内容是出售海外部分资产以及在港的非核心业务。

是时，债台高筑的置地大班西门出售港灯以弥补巨额债务，西门对李嘉诚的君子作风很钦佩，加上李嘉诚出得起理想的售价，西门将李嘉诚确定为首选买家。

之后，李嘉诚斥资29亿港元现金收购置地持有的34.6%港灯股权。因是善意收购，和平交易，所以不会出现反收购。

在正式交割时,李嘉诚又大方了一回,提前付款。置地提出扣还利息,依计算,2月1日至23日间,该利息额达1200万港元,但和黄只收400万港元,将另外800万港元送还置地。

做生意,无论是买或卖,都必须在商业利益上多加考虑。李嘉诚无论与谁合作都不会将对方视为敌人,更不会将对方置于死地而后快,他曾说:"我一直奉行互惠精神,当然,大家在一方天空下发展,竞争兼并,不可避免,即使这样,也不能抛掉以和为贵的态度。"

利益共沾,"和"字为先,要想求得别人的合作,并为下次合作打开门路,就必要懂得照顾他人的利益,凡事不要斤斤计较。司马迁在《史记·货殖列传》中多次提到,"君子富,好行其德","人富而仁义附焉"强调人要以仁德致富,做买卖需讲求双赢,先让对方赚取该有的利益,自己方有利可图。

合作伙伴间都有利可图是稳定合作的基础,因此,你需要多为对方着想,多考虑对方的利益。如果只为眼前利益,强争强占,损伤对方的利益,势必造成合作伙伴的关系走向破裂。有些商人认为,"少个合作伙伴没什么,最重要的是这次收益颇丰。"这种牺牲对方,只顾眼前利益,目光短浅的做法,会为企业造成更大的危机。没有信誉、心胸狭窄的企业,势必被冠上唯利是图、过河拆桥的帽子,成为败坏商界名声、人人唾之的无诚信黑手。

在合作中,如果你与对方均拿50%的利润,合作会很好地进行下去,但如果你只拿40%,把利润的60%让给对方,表面上看是吃了大亏,实际上是为长期合作埋下伏笔,让对方在高兴之余,对你产生好感,自心底产生与你长期合作的念头。要清楚,长期合作的收益远比一次合作所创造的收益高得多,那将是源源不断的财富。

"天下熙熙,皆为利来;天下攘攘,皆为利往",李嘉诚做生意一向抱着"分利于人，则人我共兴"的态度，与他人积极合作。

　　生意人以谋求利益为经商目的，不可忽视金钱，但也要学会如何以钱赚钱，学会把利益与别人分享，就会赢得对方的信赖。一旦人心所向，你的合作伙伴会越来越多，业务范围越来越广阔，生意会越做越大。

4. 舍得让利，自己才能得利

　　做生意、讲合作，商人之间最注重的便是利益取舍问题。李嘉诚曾说："顾及对方的利益是最重要的，不能把目光仅仅局限在自己的利上，两者是相辅相成的，自己舍得让利，让对方得利，最终还是会给自己带来较大的利益。"

　　1978年，长实与会德丰洋行共同出资购得天水围的土地。第二年下半年，中资华润集团等购得其大部分股权，共同组建了巍城公司，决定开发天水围。

　　然而港政府推出一系列决策，要求巍城公司12年内在一块40公顷的土地上完成价值14.58亿港元以上的建筑，后又承包给他们25.8亿港元的工程。这利益虽大，但风险也空前绝后的高，这对于华润来说无异于头上被泼冷水。

　　但李嘉诚依然看好天水围的前景。他开始全力出手，不慌不忙地逐年从其他股东手中购入抛出的"垃圾"股票。到1988年，李嘉诚成为与华润并列的两家股东之一。

　　其后，长实与华润签订协议，长实保证华润可获纯利7.52亿港元，并即付5.64亿港元给华润。如将来楼宇售价超过协议范围,其超额盈利由长实与华润共享,华润占51%。华润只管坐收渔利,其风险全部由长实承担。

李嘉诚信心满满,果真如期完成了工程。按照协议,第一期发售的7幢,税后利润共计10.86亿港元,其中长实得6.23亿港元,华润得4.63亿港元。另外7幢,华润可赢得协议范围中的7.52亿港元利润。以后六期华润所分得的利润,完全是"额外"所得,而长实的利润所得,更是难以估计。

同人合作做生意时,李嘉诚一直淡泊名利,凡事必留后路,这虽看似吃亏,却是他的精明之处,舍得,有舍才有得。

李嘉诚认为:"人要去求生意就比较难,生意跑来找你,你就容易做。那如何才能让生意来找你?那就要靠朋友。如何结交朋友?那就要善待他人,充分考虑到对方的利益。""我觉得,顾及对方的利益是最重要的,不能把目光仅仅局限在自己的利益上,两者是相辅相成的,自己舍得让利,让对方得利,最终还是会给自己带来较大的利益。占小便宜的人不会有朋友,这是小的时候我母亲就告诉我的道理,经商也一样。"

郭得胜被称为香港地产巨子,他为人憨厚,笑容谦和。创业之初,便为自己打出了物美价廉的好名声,所经营的生意更是日益昌盛。他所批售的华洋杂货以及工业原料,价格都合理适中,街坊邻居称赞他是难得的"老实商人"。

郭得胜从不会为了多赚取一分一毫,随意提高商品价格,所以他的客户异常喜欢与他做生意。1952年郭得胜将公司改称为鸿昌进出口有限公司,专门从事洋货批发。没多久,大家又称他为"洋杂大王"。

想求得财源广进,事业蒸蒸日上,埋头苦干或者明争暗斗,付出的代价是最高的,风险也很高,精明的商人懂得,只有让他人得到相应的利益,他人才会为自己带来财富。李嘉诚曾说:"如果一单生意只有自己赚,而对方一点不赚,这样的生意绝对不能干。"他还说过:"重要的是首先得顾及对方的利益,不可为自己斤斤计较。对方无利,自己就无利。要舍得让利,使对方得利。这样,最终会为自己带来较大的利益。"

商人不可将得失看得太重,想追求长久的利益,就应在保证企业名誉、商品质量的同时,懂得有舍才有得的道理。互惠是经商之道,无论是对合作伙伴还是对顾客,唯有让对方尝到更多甜头,对方才愿意与你合作,才会购买你的产品,为你创造更多的利益。损小利而得大利,是只需小做牺牲,暗吃小亏便可财源广进的迂回策略,它是对经商者有百利而无一害的高明之法。

5. 真心能换来实意

在商业合作中,除了追名逐利,也别轻易忽视真心实意所发挥的巨大价值。"无商不奸"在外行人口中是贬义,但在大部分内行人士眼中却是一种曲解性的会意。一小部分生意人,目光短浅,无论是与人合作还是管理下属,一旦谈到利益,皆是"一毛不拔"的铁公鸡。而在众多商人中,那些成功者始终保持一颗真诚的心,视名利为毒药,与人交涉从不虚情假意。

一家企业,从小到大,从弱到强,离不开领导与下属间的协作,企业要做到无懈可击,就必须上下一心。李嘉诚曾说:"一间小的家庭式公司,要一手一脚去做,但当公司发展大了,便要让员工有归属感,令他们安心,这是十分重要的。管理之道,简单来说是知人善用,但在原则上一定要令他们有归属感,要他们喜欢你。"

上海人盛颂声、潮州人周千和两人从20世纪50年代初就跟随李嘉诚,盛颂声负责生产,周千和主理财务。他们始终兢兢业业、任劳任怨、辅助李嘉诚创业。

周千和回忆道:"有人会讲,李先生是老板,他是为自己苦做值得,打工的就不值。话不可这么讲,李先生宁可自己少得利,也要照顾大家的利益,把我们当自家人"。

盛颂声、周千和都是忠心耿耿、埋头苦干,并且能够同甘共苦的人,因此,李嘉诚将他俩倚为左膀右臂。

1980年,李嘉诚提拔盛颂声为董事副总经理,1985年,他又委任周千和为董事副总经理。李嘉诚在给他们委以重职的同时又委以重任,盛颂声主要负责长江公司的地产业务,周千和主理长江的股票买卖,这两项业务可谓是长江集团的重中之重。

没有真心怎能换来实意,人心必须用人心才能换取,领导与下属之间的合作关系到整个企业的兴衰发展。李嘉诚由穷困潦倒的打工仔,发展成华人首富;长江塑胶厂由破旧不堪的小作坊,一步步成长为庞大的跨国集团公司,这一切除了靠李嘉诚自身的能力外,还得益于他留人先留心,懂得照顾下属的利益,从而获得了下属真心实意的付出。

领导与下属之间的关系很微妙,虽一开始是由利益连成一气,但日久见人心,领导者若利欲熏心、自私自利,其下属只会为了那份工资做相应的工作,不会多付出一毫真心,有雄才伟略之人也不会对其进行帮衬。若身为领导,能够与下属同甘共苦,尊重下属的工作,并时刻关注他们所得利益是否与公司同步,就能赢得职员的尊重、爱戴与效忠。

李嘉诚用人为善,宁亏自己,也不会亏大家。虽然长江自建厂以来大起大落,沉沉浮浮,但无论何时,鲜有跳槽者。

1980年,跟随李嘉诚创业的"老臣子"盛颂声谈到长江实业成功的原因时,说:"这主要是靠李嘉诚先生的决策和长江实业同仁上下齐心的苦干。

"李先生每天总是8点多钟到办公室,过了下班时间仍在做事,公司同仁也都如此,这就使长江实业成为一家最有冲劲的公司。

"李嘉诚先生作决策快速而准确,这么多年来从没有看错过人,没有做过错误的决定。长江实业盈利近10亿港元,这么大的生意,公司的工作人员总数不足两百。

"事业有成之后,李嘉诚又尽量宽厚待人,使和他合作过的个人或集团,全赚得盆满钵满,这便奠定了长江实业今后有更大发展的基础。"

与人合作,利益共享,是李嘉诚一贯的行为准则,领导者付出真心,才能换来下属的实意。李嘉诚说:"只有博大的胸襟,自己才不会那么骄傲,不会认为自己样样出众,承认其他人的长处,得到其他人的帮助,这便是古人所说的'有容乃大'的道理。""假如今日没有那么多的人替我办事,就算我有三头六臂,也没有办法应付那么多的事情,所以成就事业最关键的是要有人能够帮助你,乐意跟你工作,这就是我的哲学。"

商人谈到"利益共享"时,大都不太情愿,但人与人之间的合作,少了真心,便无法长久共存。商人不能因为眼前的利益,损伤长久的利益,一家企业如果时时刻刻调换新人,长此以往,内部很容易因为合作不协调而面临瘫痪。

经商也要经人情,领导者有情有义,其下属定当肝胆相照、上下一心,合作方能无懈可击。真心与实意互换,是经商者必须具备的商业策略。

6. 用爱得到全世界

商场如战场,冷血无情,明争暗斗,甚至会争得你死我活。爱可以化解一切的恨与怨,爱的包容之心无领域界定,商场同样需要一个"爱"字。做生意无非竞争、合作,无论是竞争还是合作,其中都夹杂着火药的成分,只要有一方打破平衡,都将会给自己的事业带来一场灾难。

李嘉诚曾说:"你可以用爱得到全世界,你也可以用恨失去全世界。"

随着长实系集团的逐渐庞大,它自身已经具备了浩大的集资能力。因此,李嘉诚先后决定把国际城市、青洲英泥、嘉宏国际私有化。

李嘉诚赶在以高出上市发售价0.1港元收购国际城市股票的两年前或两年后,股市低迷时期出手,便可抢到"低价"收购的好价钱,但他没有那样做,李嘉诚解释说:"我们不是没想过,但趁淡市以太低的价钱收购,对小股东来说不公平。"

李嘉诚时刻不忘照顾小股东的利益,因此,得到大量股民的拥戴,在股市中时常可以要风得风,要雨得雨,如鱼得水。

魏征常对唐太宗李世民说:"水能载舟,亦能覆舟。"李嘉诚深知民心所向,方万事顺畅。在商场打混,不是实力雄厚便可称霸一方,不是家财万贯便可呼风唤雨。秦始皇坐拥天下,万人之上,却残虐嗜杀、残暴不仁,终不得百姓爱戴,看似一统天下,君臣一心,实则为孤家寡人。

纵横商场,并非铁血就能万夫莫开。身为领导者,要时刻与人谈及利益关系,任何一项决策或行动,均离不开利益牵扯,精明的商人向来以身作则,淡泊名利,用爱召唤人心,博取对方好感,共相发展。

李嘉诚出任10余家公司的董事长或董事,但他把所有的袍金都归入长实公司账上,自己全年只拿5000港元,这还比不上公司一名清洁工在80年代初的年薪。

在80年代,像长实系这样盈利状况甚佳的大公司主席袍金,该有数百万港元,进入90年代,递增到1000万港元上下。而李嘉诚20多年来只拿5000港元。按现在的水平计算,李嘉诚万分之一都没拿到。

李嘉诚毅然决然地放弃那些袍金,获得了公司众股东的一致好感,他们自然也信任长实系股票,甚至当李嘉诚购入其他公司的股票时,投资者也纷纷购入。有公众股东帮衬,长实系股票被抬高,长实系市值大增。

做生意,需讲求原则,不可失德,不可忘仁,更不可弃爱。一个人若满心恨意,用霸道、不容商量、命令的口气与人交涉合作,即便其实力雄厚,也不会换来对方真心实意的合作。强买强卖是经商的大忌,用实力欺压只会失去众心,一旦"灾难"来临,一切都将蛋打鸡飞。

以仁爱经商,不是讲求软弱或退缩,而是,万事从对方角度出发,多关照对方的利益。舍小利而得人心,关键时刻方可万众一心,其利断金。

一人的力量很薄弱,但爱却能获取对方的信任,集结力量。爱能得到全世界,这并非夸夸其谈,人心就是实质,人心所向,方可无敌。当你把握住天时、地利与人和,纵横商海时,便可无往而不利。

7. 互信才能合作,分享才能共赢

"合则两利,斗则两伤",世界上没有永恒的敌人,也没有永恒的朋友,只有永恒的利益。李嘉诚曾说过:"合作是飞黄腾达的阶梯。"但合作需建立在信任之上,否则就没了意义。

想要合作愉快,共谋发展,就必须懂得利益上的谦让。合作双方要互信,还要做到利益均沾,似乎有些难度,但如此才能保持长久的合作关系。相反,互相猜忌,只顾一己之利益,无视对方权益,只能做一锤子买卖,把生意做断。

合作的前提是互信,利益共享才能实现共赢,当合作条件让双方感到满意,长久合作才不是问题。

2002年5月初,在香港举行的"2002青岛推介会"上,青岛黄海橡胶集团与和记黄埔、意大利倍耐力签订合作备忘录,三方合资生产全钢载重子午线轮胎。

知情人士透露,在与和记黄埔、意大利倍耐力接触前,黄海橡胶曾和别的国际轮胎制造巨头谈过,但是没有成功,当李嘉诚表示了相关意向之后,三方很快就敲定了合作计划。

一直以来,和记黄埔的制造业主要集中于瓶装水及饮品,李嘉诚认为2002年瓶装水及饮品市场的增长,应该是海外而不是中国内地。和记黄埔制造业务要在中国内地有显著增长,就不得不考虑新的机会。

海通证券股份有限公司青岛业务总部副总经理、高级研究员陈廷国分析认为,轮胎制造业显然为和记黄埔提供了这样一个机会,因为"中国将来是一个汽车大国,和记黄埔介入轮胎制造业,从汽车最基本的需要做起,为进入汽车市场打开了一个通道。"陈廷国笑着说:"这是李嘉诚的一块敲门砖。"

一些人觉得和记黄埔选择发展新行业存在一定的风险,陈廷国认为,三方合作是优势互补,黄海橡胶有70多年的轮胎生产史,意大利倍耐力是世界著名的轮胎制造商,和记黄埔可以借助这两者的优势,避免初次进入轮胎行业所要遭遇的风险。

李嘉诚以后要在子午胎上做大，可以将其购并，迅速壮大子午胎生产规模。

李嘉诚凭借几十年的商业声誉，建立起良好的企业形象，因此，才博得对方的信任，让对方赞同合作。要清楚，任何人或事，都不尽完美，需要吸取他人长处来弥补自己。企业同样如此，需要通过合作来优势互补，在帮助他人同时，自己也受益匪浅，这便是"共赢"。

很多人认为生意不好做，其原因主要在于你将目光只放在了如何让利益最大化上，却没有站在对方的立场考虑问题。一味照顾自己的利益，只会失去对方对你的信任。没有共赢的买卖，谁都不会傻到去接手。

信任是合作的关键，在商战中，要合伙做生意必须做到"疑人不用，用人不疑"，否则后患无穷。在合作中，双方要建立共同的财务、人事、工资、分红、业务分工制度，且并严格执行，这样才能让经营有起色，让管理出效益。

合伙做生意也不可能全避风险，因此，双方要做到风险共担、利益均沾。此种商业策略会让你在不断变化的商海中生存下来，并获得发展。合伙做生意的双方，是为了追求利益才走到一起，即便是竞争对手，如果能够顾及对方的利益，就能赢得信任，实现长久的合作。

第九课

取舍:有所不为才能有所为

李嘉诚对自己一直有个约束,他说:"并非所有赚钱的生意都做。有些生意,给多少钱让我赚,我都不赚;有些生意,已经知道是对人有害的,就算社会容许做,我都不做。""我绝不同意为了成功而不择手段,刻薄成家,理无久享。"

1. 在明处吃亏,在暗中得利

"吃亏就是占便宜"这句话在商界同样适用。用现代的经济观念来说,"吃亏"与"占便宜"的关系可用"贡献"与"报酬"的关系来解释。吃亏相当于付出,因此,定当有所回报。但商家只有处理好这中间的关系,才可获得成功。

一些商人认为吃亏是一种损失,但《成功定律》的作者拿破仑·希尔曾说:"全国最富有的人要我为他工作20年而不给我一丁点儿报酬。一般人面对这样一个荒谬的建议,肯定会觉得太吃亏而推辞的,可我没这样干,我认为我要能吃得这个亏,才有不可限量的前途。"从这段话中我们不难悟出一条经商策略——明处吃亏,暗中得利。

"吃亏是福"是李嘉诚待人处世的原则之一,他说过:"有时你看似是一件很吃亏的事,往往会变成非常有利的事。"

李嘉诚22岁时开始自立门户做生意。有一家贸易公司曾向他订购一批玩具输往外国。当时货物已卸船付运,就在要向对方收取货款时,贸易公司的负责人来电通知,说外国买家因财政问题,无法收货,但贸易公司愿意赔偿损失。可李嘉诚没有接受这家贸易公司的赔偿。

当李嘉诚转型做塑胶花时,一位美国商人找到李嘉诚,说经某贸易公司负责人的推荐,认为李嘉诚的工厂是全香港规模最大的塑料胶厂,希望能够跟李嘉诚合作。李嘉诚后来才知道,那位贸易公司的负责人认识这位美国商人,并在这位美国商人的面前说尽了李嘉诚的好话,说他是一位完全值得信任的生意伙伴。这位美国商人最后订了6个月订单,日后又成为了李嘉诚永久的客户,使李嘉诚的塑胶业务得到了长足的发展。

精明的商人会将吃亏摆在明处,如此才能让对方以及更多的人认为你是个实在的"老好人":讲诚信,重情义,不会落井下石,好声誉会招来生意,一旦名声传开,上门要求合作的商户自然会增多。因此,吃亏未尝不是一种福气。

吃亏虽要吃得有价值,但从中获利要低调,以免引起他人的猜测,认为你是在作秀。有些小利该放手则放,不可缺乏高瞻远瞩的战略眼光,你应懂得拒绝本来不该属于你的利益。

　　一个没文化的农村妇女来深圳生活，在街头摆小摊儿卖胶卷。市场上一个柯达胶卷卖20元，她却卖15元1角，一个胶卷只赚1角钱。渐渐地，此女生意越做越大，开了一家摄影器材店，但她依旧一个胶卷赚一角。虽是只赚毛利，但是她店里的批发量大得惊人，深圳搞摄影之人没有不认识她的。

　　但她并未因此而利欲熏心。一次，有外地的商人把钱包落在她那儿，她花了很多长途电话费才找到失主。还有一次，她多收了顾客的钱，发现之后火急火燎地找到人家将钱归还。这样的事情屡见不鲜，也因此，她的买卖越做越大，广受人们的好评。

　　吃亏是再简单不过的阿Q精神，付出与回报成正比，是一条深刻的人生哲理。

　　曾经有一位哲人说过："人，其实是一个很有趣的平衡系统。当你的付出超过你的回报时，你一定取得了某种心理优势；反之，当你的获得超过了你付出的劳动，甚至不劳而获时，便会陷入某种心理劣势。"商人不能因为吃亏或获取利益而影响事物观，否则得不偿失。

　　因此，商人要有所为，也要有所不为。做生意要学会明吃亏，暗中吃亏无人得知，自然招揽不来生意，还会让你在斤斤计较中丧失更多资源，得小失大。懂得如何吃亏才能赚取大利，能吃亏的人才能在沉淀中"厚积薄发"，暗中赚取利益。

2. 正当利益,该争则争

经商者角逐利益,无利而不往。在竞争间的相互牵制中,你需懂得维护自身利益。"人之熙熙皆为利来,人之攘攘皆为利往",是商人的本质,做生意的目的就是为了赚钱,因此,商场博弈,不可随意退出,面对正当的利益,该争则争,如此才能将生意做好,在商场中占得一席之地。

商人皆为利益,李嘉诚自然也包括在内。香港一位知名地产记者,在其关于地产楼市的系列文章中涉及到李嘉诚,如"爱美高于1992年8月时,通过内部认购形式,向长实购入第二期'嘉湖山庄'赏湖居第四座单层数的半幢单位,估计达152个,而内部认购较公开发售价,一般便宜约5%。"

"除爱美高外,嘉湖山庄第二期赏湖居第3座,是另一幢以内部认购方式转手的单位。上周初,该批为数2%个单位的现货单位全幢公开推销,20层楼以上的18层单位,买家一次认购3至4个单位才可交易(注:只有炒家才会一次买几个单位)。"

"嘉湖山庄内部认购猖獗,复式单位加80万至100万,普通单位加几十万,一个单位未到家,已有几个人经过手,赚过几次钱,其中第一二手'特权阶级',自然赚得最厉害……"

"'特权阶级'炒完嘉湖山庄,又去炒海怡半岛。但怎料,上周四李超人一声令下,吩咐立即'叫停',说嘉湖内部认购做得太张扬。海怡和下一个楼盘都要收敛。长实嫡系人马可以内部认购,但只能转让给直系亲属。"

"'海怡花园'示范单位挤得水泄不通,门口亦有地产代理商兜客,加10万、加15万出售内部认购单位!照人计算卖楼反应不会差。难怪好多人一向说李嘉诚最照顾炒家,近期多个楼盘中,炒家在此赚钱。"

香港新闻界人士认为"与那些与公众对着干的地产商比,李嘉诚则算有分寸、有节制"。商人争取正当利益无可厚非,但普通大众,稍付出些利益便如割肉,商家的炒作、抬高价码,深度忤逆了顾客的护犊心理,以致招致恶果。由此可以看出身为经商者的不易,人在江湖,身不由己。

1991年11月6日,新上任的财政司麦高乐,宣布增加楼宇转让印花税和限制内部认购比例,以杀楼市炒风,平息民怨。

李嘉诚虽知悉此事,但已耗财耗力筹备,改期会不利,因此,天水围嘉湖山庄第一期仍如期开盘。麦高乐对此大为不满,觉得李嘉诚是在与政府"对着干"。11月13日他自银行监理处致函各银行,将新旧住宅楼宇按揭贷款,由原来的八九成,降至七成。

李嘉诚毫不示弱,11月21日在希尔顿酒店,设宴招待来访的加拿大卑诗省总督。李兆基、郑裕彤、郭炳湘等地产巨头应邀作陪。有人认为,这是向港府"示威"。

记者获悉,李兆基声称会通过自己旗下的财务公司,提供较高的按揭成数,防止楼市下跌,其他地产巨头异口同声附和。随后李嘉诚也表态,希望能与政府协调好关系,如果地产同仁都这样,他也会跟随潮流。

麦高乐等一批官员,对地产商此举异常恼火,予以还击。香港银行公会主席浦伟士严厉警告地产商:如果一意孤行,日后其他发展计划将得不到银行的支持。

香港首席财主汇丰大班发了话,地产商马上妥协,无意与银行过招,但日后的事实证明,李嘉诚等地产巨头,只是在做策略上的退让。

按照李嘉诚平日行事的一贯作风,最忌讳树大招风,而这次却偏要向枪口上撞去,只因对方咄咄逼人,严重危害到地产商的正当利益。李嘉诚并非故意与港府作对,只因日期凑巧相同,而改期不利。对于自身正当利益有所威胁之事,经商者不能一味退缩或忍让,否则,只会被对方抓住软肋,任其蹂躏。

与威胁自身正当利益者博弈,要谨记打蛇打七寸,需抓住对方弱点,化被动为主动,但也不可逼之太甚,否则狗急跳墙,玉石俱焚。

作为商人,不可贪得无厌,以非正当手段谋取利益,但面对正当利益时,要展现自己的魄力,决不能退缩,要主动去争取,否则任何生意在你手里都不会进展顺利。

3. 不要小看零售业的"蝇头小利"

现今一些创业者眼中有大钱,一心想做大买卖,干大生意,对于那些零零碎碎的"蝇头小利"看都懒得看一眼,殊不知"不积跬步,无以至千里;不积细流,无以成江海"。

老子曾说,"合抱之木,生于毫末,九层之台,起于累土",意思是讲,成功是由小而大的积累。

《塔木德》中曾有一言:"别想一下就造出大海,必须先由小河川开始。"做生意"唯利是图"不可取,但"微利是图"却可以让你积少成多,这是做生意的生财之道,赚钱之术。

在现代人眼中,小小的一朵塑胶花可谓毫不起眼,甚至几块钱就能买上一捧,但正是这朵塑胶花,将李嘉诚推上了财富之路。

小商品虽不起眼,却偏偏能赚大钱。世界500强中,美国吉利的当家产品是剃须刀;日本尼西奇公司则凭借一块尿布名震海内外,使尿布成为畅销海内外70多个国家和地区的大宗产品;世界有名的连锁快餐店麦当劳只经营汉堡包和薯条……由此可见，小商品所能创造的商业价值，并不比规模宏大的企业所创造的利润逊色。

在和记黄埔旗下，屈臣氏集团作为李嘉诚的零售旗舰不断发力市场，率先抢占了内地个人护理市场。

2005年年初，屈臣氏在广州正佳广场开出第100家个人护理店后，开店速度明显提升，至2005年底全国已有近200家店。

据一些零售业内人士分析，"这意味着李嘉诚看好内地零售业的发展，并开始大力扩充这块业务"。同时屈臣氏集团下属的另一零售业态，百佳超市，也开始大力渗透内地市场。

屈臣氏集团内部零售与制造业共同运作，并且大部分零售部门都有自己的自有品牌商品。自有品牌产品的价格比同类产品的售价低20%到30%，这极大地提升了屈臣氏零售业务的盈利空间。

做生意切勿因小利而不为，买卖目的就是为了赚钱，赚钱不能区分多少。世界排行榜上的富豪，绝大部分是从小商贩开始做起，比如美国亿万富豪沃尔顿，就是从经营零售业起家。

有"万能富豪"之称的美国西方石油公司的董事长阿曼德·哈默无意中发现苏俄商店中的铅笔很少，他将此发现与当地的文化素养相结合，果断地兴办起铅笔厂。结果他第一年就完成了250万美元的产值，年产量达一亿支。几年后，这家工厂成为世界上最大的铅笔厂之一。

赚小钱不仅可以积累财富，还可以增加经验、见识、阅历、人情关系，培养金钱意识和赚钱能力。

任何人做生意都不可能一口吃成胖子，别太小看零售业的"蝇头小利"，此利虽小，但大大降低了风险度，只要加之经营妥善，其所创造的财富会像滚雪球一样越滚越大。

4. 能进能退，不争一时之气

"大丈夫，有所为，有所不为"，做生意，最重要的是能进能退，能屈能伸，不为一时之气，方寸大乱，作出错误的决定。

商场竞争日益激烈，一块肥肉，在同一时刻会有多眼睛盯着。"明枪易躲，暗箭难防"，危机无处不在，若不保持冷静的头脑，便很容易忽略潜在的黑手，被迫限于困境；你也可能因争一时之气，乱了方寸，作出追悔莫及的抉择。

做生意并不讲求勇往直前，决不退缩。在商场上，这是莽夫、愚夫的行为。精明的商人主张能进能退，有利时主动出击，危机时主动撤退。把握住最佳时机，你才能百战不殆。

1987年，怡和置地公司经营惨淡，已经到了举步维艰的地步，外界对于财大气粗的华商集团有意向置地公司收购的传言四起。李嘉诚却一直按兵不动，静静地等待最佳时机的到来。

1987年10月19日，扶摇直上的香港恒生指数因为受到华尔街大股灾的影响，置地公司的股票下跌大约40%，凯瑟克家族的人为此感到惶恐不安。

1988年3月底恒生指数开始慢慢回升。这对于李嘉诚来说是放手一搏的大好时机，但是凯瑟克和包伟世开始着手计划反收购行动。李嘉诚从变化的局势中立刻看出：收购置地公司的最佳时机可能已经不存在了。

为了有效地防止置地公司走上文华东方的路子，李嘉诚和郑裕彤、李兆基以及荣智健等决定先向怡和公司摊牌。李嘉诚开门见山地向对西门·凯瑟克和包伟世提出了自己的观点，早已有所准备的凯瑟克毫不客气地表达了自己不同的看法。

对于凯瑟克的精明老到,李嘉诚显得很平静,想与凯瑟克说清目前市场市价形式。然而不待对方回应,郑裕彤便咄咄逼人,对包伟世挑战说:"既然谈不拢,只好市场上见,我们四大财团将宣布以每股12港币的价格全面收购。"对此,包伟世强硬地表示愿意奉陪到底。

至此,局势对于李嘉诚来说已经明朗至极,收购置地公司的大好时机已经不复存在,适时放手才是当务之要。

李嘉诚认为,投资家攻守策略的高明之处在于进退自如,乘胜追击,逆势而退。智者能于时局涨落之中辨其利弊,眼光开阔、从容应对方可显商界奇才的睿智。

李嘉诚从不鲁莽行事,在适当的时候放弃,是他投资的一个重要原则,僵持不下只会消耗大量元气。

识时务者为俊杰,商场不是逞匹夫之勇的地方,任何决策都将决定你的成败。面对竞争中的黑手与威逼利诱,你不可乱了阵脚,中了对手圈套,否则只会被对方牵着鼻子走。

清代《增广贤文》中有一句话:"忍一时之气,免百日之忧。""小不忍则乱大谋",商场竞争中智者的胜券远大于勇者。做生意,心急可吃不下热豆腐,一定的忍耐力可锻炼出冷静的分析与判断能力,让你紧抓时机,掌握住利益走势,作出决策,这面上看似退缩,实则是避免更大的危机。

李嘉诚说:"我凡事必有充分的准备然后才去做。一向以来,做生意、处理事情都是如此。例如天文台说天气很好,但我常常问我自己,如5分钟后宣布有台风,我会怎样,在香港做生意,亦要保持这种心理准备。"有利可图,自然要主动出击,但商人也必须掌握退的智慧,不能为争一时利益,盲目进取。做生意讲求冷静判断,进虽有利,但退是避害。唯有正确的决策才能抓住机遇实现飞跃,才能扭转困局破茧重生。

"买卖不成仁义在",做生意要"和气生财",不能意气之争,否则只会两败俱伤。你应审时度势,进退要以相应的条件为准则。商人维护住利益不受损伤,才可逼近成功。

5. 我决不同意为了成功而不择手段

一些商人为了做好生意,谋取更多利益,便做起了"黑心"商户,为了成功,不择手段,奉行"不管黑猫白猫只要能抓住老鼠就是好猫"的原则,将"无商不奸"表现得淋漓尽致,殊不知,他们在将大把钞票放进口袋的同时,也在自掘坟墓。

李嘉诚曾说过:"我决不同意为了成功而不择手段,刻薄成家,理无久享。"胜败乃兵家之常事,商场上你争我夺,硝烟弥漫,有闪失、有挫折都属正常状况。企业虽因利益才得以支撑,但以小人手段牟取暴利,终究不会长久。

收购港灯算是一次经典的战役。李嘉诚从萌发念头到控其在手,先后历经了好几年。西门·凯瑟克却因沉不住气,落人李氏"圈套",以相当优惠的折让价出售港灯股权。

李嘉诚在港灯决定出卖之前已有意收购,但是他却按兵不动,而置地公司却迫不及待地以高价将港灯收入囊中,也因此,置地公司举债160亿元。而当时的香港房地产市场很是不景气,以房地产为主业的置地公司举步维艰,不得不考虑将到手的港灯转手。

李嘉诚在这个时候站了出来,以6.4元的让折价捡了置地的便宜。这一役为李嘉诚节省了4.5亿元。置地公司虽然亏损,但是却借助这次出售,缓解了公司资金紧张的问题。

竞争,最重要的是让对方心悦诚服。追求生意的成功,一定要通过正当手段。不断的收购使李嘉诚的企业迅速壮大,但每谈及收购,除了把握住最佳商机,他都会心平气和地与对方协商,尽量满足对方的利益,实现双方共赢。若一旦对方持坚决反对的态度,李嘉诚也从不以大欺小,强迫对方,而是主动放弃。强扭的瓜不甜,更何况商场上多个敌人等于多重危机。

在急功近利的时代,人们为了所谓的成功,往往不惜挖空心思,甚至不择手段。对于这类做法,李嘉诚颇为反感。经商、做生意,说到底是建立信用的过程,"信用是交易的基础"。"人无信而不立",一个成功的商人,必定是君子,而非小人。

爱迪生发明电灯成功,是希望为了带给千家万户光明;比尔·盖茨成功是希望电脑与软件能给人们的生活带来方便;福特成功是为了普及汽车……金钱财富是商人的目的,但对于那些高端的成功者来说,真正的成功是经历的过程,是突破自我、战胜自我,以正确的途径达到的目标。

马克思说:"如果有20%的利润,资本就会蠢蠢欲动;如果有50%的利润,资本就会冒险;如果有100%的利润,资本就敢于冒绞首的危险;如果有300%的利润,资本就敢于践踏人间一切的法律。"利益确实诱惑无穷,但商人为了获取利益而不择手段,却只会付出血淋淋的代价。

"三鹿奶粉"事件过去虽有段时日,但却成为商界的警钟。从辉煌到陨落,对每一个企业都是一次极为沉痛的教训。

质量是企业生存的基础,诚信是企业成功的保证,竞争不忘道德底线是每位成功者都必须遵守的商业准则。

做生意就是为了成功,但是成功不能建立在不正当的手段之上。为了自己的成功而牺牲别人的利益不可取。

"宁可正派而不足，不可邪恶而有余。"一个正直的人，即使没有太大的成就，也能受人尊敬，而一个不择手段的邪恶的人，即使有再大的成就也为人不耻。

做生意，牟取利益的同时不能忘记做人的原则，以不正当手段谋取成功的人，终究做不成大生意。买卖人需谨记，竞争要有所为有所不为。只有靠正当手段博来的成功才称得上真正的成功，才能赢得大众的信赖与尊重。

6. 有些生意，给多少钱让我赚，我都不赚

一个成功的商人必须保持对钱财的热忱，方可不断获得赚取利益的商机，但爱财不等于视财如命，须知"君子爱财，取之有道"。

《胡雪岩全传·平步青云》一书中说："一个人生活在世上，金钱名利不是人生的最终目标，可以追求，但是决不能为了这些做一些违背自己良心与道德的事。"现实生活中，物欲横流，很多人就是因为把持不住自己，经不起金钱的欲望，做了一些不该做的事，最后毁了自己本来好好的生活。

做生意虽图的是利润，但赚钱决不能泯灭良知与道德。商人爱财，可必须把持对钱财的诱惑，决不能因为一时贪念，将自己辛辛苦苦建立的基业毁于一旦。

李嘉诚说："我对自己有一个约束，并非所有赚钱的生意都做。有些生意，给多少钱让我赚，我都不赚；有些生意，已经知道是对人有害的，就

算社会容许做,我都不做。"现代社会,物欲横流,赚钱的门路很广,生意更是多得数不胜数,但作为商人,心底要有一杆秤,损人不利己的生意绝对碰不得。

在李嘉诚看来,做生意和做人是一样的,必须正直,坚守原则。生意人行事坦坦荡荡,赚钱便心安理得。

李嘉诚起家靠的就是一个"诚"字,他认为诚信是一家企业最大的资产。因此,一切破坏诚信的生意,他都不会去做。

你可以失去一切,却唯独不能失去诚信,一个有信誉的商人,即便破产,也可用多年来的诚信重新搭建销售平台,倚仗过去的客户东山再起,甚至可以凭借良好的商业声誉向银行贷款。不聚小流无以成江海,李嘉诚成功的秘密就在于此。

"不义之财如流水",一些非法商户,时常持着侥幸心理,参与一些非法组织进行的高利润黑市交易,例如贩卖冰毒、摇头丸,买卖女子,用低质恶劣的商品以次充好,对竞争对手威逼利诱,或者偷税漏税等等。殊不知"天网恢恢,疏而不漏",一旦涉足其中,不仅危害社会,更会使自己深陷泥潭难以抽身,最终落得身败名裂。不义之财不可取,否则必然失大于得。

乾隆年间,苏州李氏之子,靠每日起早去市场卖菜,赡养老母。一日他在路上捡到一包裹,回到家里打开发现包裹中竟有45两银子。

母亲大为惊奇,但要他遵守为人的本分,不义之财不可取,并催促他回到捡钱的地方等待。回到那地,李氏之子恰碰到失主,物归原主。那人拿钱转身欲走,众人责怪男子不懂礼数,需感谢李氏的儿子才是,那人却狡辩道:"我丢的钱本来是50两,他却从其中藏匿了五两,这样又何必再给他酬谢呢?"众人哗然。

这时一位官员赶到，了解情况后，假意怒斥李氏儿子并打了他五板子，拿过包裹，对那男子说："你丢掉的钱是50两，但是包裹里只有45两，这不是你的钱。"转身将钱交予李氏之子，"你没有罪，但是却受到了我的笞刑，这是我的过错，现在就把这个补偿给你。"百姓都拍手称快。

一个人的人品反映出他的行事作风，面对不义之财，选择放弃就是选择了未来更多的获取。"黄金有价，玉无价"，商人的诚信品格好比玉石，纯度越高，品位越好，就越有价值。

李嘉诚认为，金钱没有善恶，但是赚钱的方法和手段，却能体现一个人是否懂得对错，明辨是非。与人合伙做生意，最重要的是选择一个值得信任的合伙人，因此，成功的不仅仅是金钱的多少，更证明了你是否是个合格的商人。

古人云"勿以善小而不为，勿以恶小而为之"，做人如此，做生意亦是如此。商人必须建立起牢固的道德准则，并铭记于心，时时提醒自己，有所为有所不为，这样才会广开门路，取得真正的成功。

7. 一个有使命感的企业家，应该努力坚持走一条正途

生意做得好不好，不在于生意的难度高低，而在于做生意的人是否具备基本的商业素质。李嘉诚说："一个有使命感的企业家，应该努力坚持走正途，这样我相信大家一定可以得到不同程度的成就。"一个成功的商人不同于一般的小商贩，小商贩只注重一次交易是否成功，他们在交易中要些小心眼，投机取巧属于常事。

企业的发展与壮大,以及不断迎合市场需求,在竞争中立于不败之地,需要一个有使命感之人作为领导者,领导企业走正途,不断培养新的目标,以向其奋进。这要求领导者无论花费多少时间,也不会随意走捷径,或者看到其他利益见异思迁,始乱终弃。

谈到成功的商人,我们会首先想到他们有哪些辉煌的业绩,但身为成功者,他们首先想到的是你能不能做好一个人。一个没有社会责任感的商人,是无法得到众人的认同和帮助的,更别提做生意。

商人除了逐利,须知精神财富与物质财富同样重要。一个成功的企业家,必定是一个有使命感,有社会责任感之人。作为商人,你是企业之魂,唯有担负起社会责任,才能产生拼搏的动力,引领企业一步步走上正途。

李嘉诚事业的成功,功在于为人的成功,他不是个唯利是图的商人,而是一直积极投身于公益事业。作为商人,赚的钱越多,身上所肩负的担子就越重,而李嘉诚将这一切回馈给社会,他投资捐助希望小学、医院,以及扶贫救灾。也正是这种博大的责任心使得他与其身后的企业赢得社会的尊重与认可,这种认可进一步扩展了李嘉诚的发展空间。

8. 投资,要果断进入,断然抽身

做生意不能只贪图眼前的利益,还要适时而定,伺机而动。投资讲求策略,"当进则进,当退则退"是商场上的生存法则。李嘉诚常说:"凡事以商业利益为准绳,能赚就赚,不能赚就退出,决不要拖泥带水。"

做生意要学会快、狠、准,越是果断,你成功的概率越大。发现有钱可赚的生意，别犹豫，果断投资。一旦发现这一领域没什么利益可寻时，就不要留恋，断然抽身，转换行业。

李嘉诚是靠一招鲜，赢得了事业的辉煌发展。但如果他一直靠着一招鲜，那么，今天的李嘉诚可能就不是现在的样子。

李嘉诚是靠着塑胶行业起家并发家，赢得"塑胶花大王"的美誉，赚得盆满钵满的。但是李嘉诚并没有沉醉于一时的成功。处于全港塑胶业领先地位的他，空闲之余常会思考这样一个问题：塑胶花的大好年景还会持续多久？什么时间会结束？

李嘉诚引领了新生代塑胶花的潮流，众人竞相效尤，一时间香港塑胶厂是遍地开花，泛滥成灾。

任何产业都有其兴衰的过程，李嘉诚深知此理。尽管塑胶花可以变幻无穷，但却始终无法替代充满自然气息的植物花。在香港，劳工工资逐年递增，劳动力不再低廉，由于塑胶花属于劳动密集型产业，它的发展一定不会长远。

经过这一系列的分析，李嘉诚毅然决定淡出塑胶行业，把全部精力投注于缔造以地产为龙头的商业帝国。

识时务者为俊杰，经商者必须拿得起、放得下，审时度势，才能不被变幻莫测的商界洪流淹没。李嘉诚在香港最先开启塑胶花的新时代，当他赚得第一桶金的时候，塑胶产业已经饱和。这时，他不再留恋一时的盈利，断然转向人人都退出的房地产业。无论是进入还是退出，他都占尽先机。这种不一样的经营理念，成就了现在的李嘉诚。

"盛极必衰，月盈必亏"，任何一项业务，当它走过自己的成熟阶段后，必将走向衰落，而这个时候如果不进行自我调整，还抱着不放，必将导致企业随着该项业务的衰落而走向失败。做生意就是这样，该投入时就要果断投入,该撤离时不能有丝毫犹豫,要义无反顾地离开。

香港"假发之父"刘文汉发现美国盛行"假发热",于是断定善于跟风赶潮的香港必定会步其后尘,所以抢先在香港成立假发制造公司。结果真如他所料,让他大大赚了一笔。接着,刘文汉料定假发热只会维持一时,不会长久,于是在市场攀到高峰时,他又及时退出假发市场,并携资移居澳大利亚,开创新的事业。没过多久,事实证明了刘文汉判断的准确性。美国的"假发热"消退,香港的假发制造厂家纷纷倒闭。

商界竞争没有永久不衰的行业,该放则放,犹犹豫豫、不甘不愿,只会错过发现新商机的机遇,等到你打算抽身之时,老行业已处于亏损状态,新行业却已经趋向饱和状态。"时间就是金钱",一个行事果断精明的商人绝不会犯如此低级的错误。

精明的商人时刻保持居安思危、未雨绸缪的思想,这能让他们在作出最正确的判断后,大大利用前行业的积蓄,成功转行,轻松发展下一个业务,不断发展扩大,做成功的先驱。

竞争无处不在,商人必须具备狼的特性,耳听八方,眼观六路,对准猎物,找准时机,伺机而发,瞬间将猎物咬于嘴下。狼从不将没有把握的猎物看作追逐的对象,同时它如果看形势不对,就会断然抽身,锁定下个最佳目标。

9. 让熟人、亲戚在企业里工作,要慎之又慎

商场竞争,残酷无情,能信得过的人少之又少,但办企业,没有几个知根知底的亲信,无法支撑企业更好的运行,因此一些领导者,将私下里的朋友、亲戚相继分配到公司的各个部门,授之管理权力的同时,为自己埋下了隐患。

抛开利益,熟人、亲戚与你之间有的只是纯粹的友情、亲情,大家相见甚欢,脾气相投,情感默契。但一旦将利益横插中间,这便不再是纯粹的感情关系,其中还必须有上下等级、公私分明、不可逾矩的规章制度。

李嘉诚常说:"唯亲是用,必损事业。"20世纪80年代内地开放后,不少潮州老家的侄辈亲友,要求来李嘉诚的公司做事,却都遭到婉拒。

"如果你任人唯亲的话,那么企业就一定会受到挫败。"李嘉诚说,"在我两个儿子加入公司前,我的公司内并没有聘用亲属,我认为,亲人并不一定就是亲信。如果是一个跟你共同工作过的人,工作过一段时间后,你觉得他的人生方向,对你的感情都是正面的,你交给他的每一项重要的工作,他都会做,这个人才可以做你的亲信。如果一个人有能力,但你要派三个人每天看着他,那么这个企业怎么做得好啊!"

1981年初年广久创"傻子瓜子",20年后,芜湖市傻子瓜子总厂发展为集技、工、贸于一体的综合性大中型企业。但遗憾的是"傻子瓜子"一直采用家族经营模式,这为今后爆发的家族恩怨埋下了伏笔。

据调查,年氏家族内部的恩怨从未止息过。据知情人透露,傻子集团成立后,年广久的两个儿子分别担任"傻子瓜子"联合集团公司的董事长、监事长,而他这个创始人却是有名无实的董事局主席,所以心存不满。一个月后,年广久发难,砸了牌子关了门,集团公司不欢而散。

1998年初，年广久在烟台打假，孰料挨打的"假"竟是次子年强。年强也不甘示弱，一气之下，把年广久在芜湖的工厂给砸了，并扬言派律师到烟台与年广久法庭相见。

之后，年金宝与年强一口气申请注册了27个商标，分别叫"小傻子"、"傻王"、"傻媳妇"……涉及饮料、茶具、电子产品等，"傻子"家族内战逐级升温。

虽说"生意归生意，感情归感情"，进了一家门，事先声明要公私分明，以企业利益为最高行事准则，但真正能做到将感情与事业分开的人少之又少。

任人唯亲，会在企业内部造成不公平的竞争环境，使企业留不住人才。造成该现象的原因在于，与领导者有特殊关系之人，在企业内部会占尽优势，即便其个人实力远不如他人，但这种"近亲性"特殊关系，提升了他们在员工中的位置，使他可以吆五喝六，压制一切比他优秀的外来人才。

长此以往，专横跋扈的"八旗子弟"会无视企业的规章制度，使企业的管理断裂，制度变成一张废纸。这不但会撼动你的商业威信，还会伤及无辜，让一些有真本事的朋友亲人遭他人唾弃。

当外来人才在企业内部受到打压，意识到领导者唯亲是用，不重人才，自己很难受到重用，更无升迁机会之时，会心猿意马，"身在曹营心在汉"，另辟他处。他会带着你公司的内部构架、营运流程、客户资料以及合作伙伴递上辞职信，成为你的商场劲敌。

你可以制定健全的规章制度，甚至提前签订公私分明的协议，亲兄弟明算账，但人非草木，发生争执或意见不合之时，双方最先会将长年累月的感情与事业联系一起，使矛盾一触即发、互争台面、互不相让，最后升级为动荡企业根基的内部斗争。

因此，作为企业之主，在选用老熟人或者亲戚作为企业内部的核心力量时，一定要慎之又慎，如可不用，尽量避之。

10. 时常慷慨解囊，慈善不为名利为心安

当事业日益壮大，一些商人会考虑加入慈善行列，做些公益之事，但这其中"沽名钓誉"者比比皆是，他们将慈善与商业看作投资，以博取大众信赖，等待财富和回报。

作为商人，你应该明白，做慈善实则是行善积德，是为自己的后世子孙积福，为自己求得一份心安。

"恻隐之心，仁之端也。"李嘉诚曾说，"我已不再需要更多的钱。现在，我的金钱犹如金字塔，越聚越高，只要从中挖出一小块就够我享受一辈子了。但作为企业家，我仍要赚钱，为我的公司赚钱。我有时好像坐在塔尖上，也不是好受的。"他强调如今赚钱"不是为了自己"，而是"为了替社会多做些公益事业"。他的心愿是"把多余的钱分给那些残废及贫困的人"。

李嘉诚一直以来都热衷慈善事业，1981年他创立汕头大学，至今对大学的投资已过31亿港元，其中包括长江商学院。1987年，他捐赠5000万港元，在跑马地等地建立3间老人院。1988年，李嘉诚捐款1200万港元兴建儿童骨科医院，并对香港肾脏基金、亚洲盲人基金、东华三院捐资1亿港元。

1989年，李嘉诚捐赠1000万港元，支持北京举办第11界亚洲运动会。1991年，他向英国保守党捐赠10万英镑作竞选费用，引发英国两大政党争

议。2004年的印度洋大地震时他曾捐助300万美元赈灾。1997年，北京大学100年校庆期间，李嘉诚基金会向北京大学图书馆捐赠1000万美元，支持新图书馆的建设……

2004年南亚海啸，李嘉诚通过旗下的和记黄埔及李嘉诚基金会，共捐出300万美元予受灾人士。2005年5月，他向香港大学医学院捐出港币10亿元以资助医科学生及医学研究用……

2008年5月19日，李嘉诚致函中央政府驻港联络办公室主任高祀仁，以李嘉诚基金会、长江集团、和记黄埔集团的名义捐款一亿元人民币，用于为汶川地震灾区学生设立特别教育基金。

美国钢铁大王卡内基说过一句话："在巨富中死去，是一种耻辱。"《圣经》中有这样一个说法：富人死后想进天堂比骆驼穿过针眼还难，富人进天堂的前提条件是，必须散尽钱财。持有更多的财富并不能使人更快乐，更幸福。

李嘉诚将"李嘉诚基金会"视为他的第三个儿子。李嘉诚于80年代初成立基金会，承诺捐出自己三分之一的财富。现时基金会的捐赠金额已等于他50年代开始工作至80年代初的财产。

作为商人，财富越多，就越应该把慈善事业当作自己的一种追求。李嘉诚说："钱来自社会，应该用于社会。投身公益、慈善事业，是商人一种美好的追求。但是要处理好生意与公益事业的关系，才能获得好的结果。"

李嘉诚做善事一向较为低调，其基金会在内地有百余个捐款项目，但所有捐赠项目的大楼都不用他的名字，因他并不喜欢出名做善事，如其捐钱兴建的汕头大学，该大学的教学楼都没有他的名字。

李嘉诚手下专职负责捐赠事宜的私人秘书梁茜琪深有感触地说："李先生捐款与别人不一样，他的捐赠是真正发自内心的。""李先生不是那种捐出100万、200万,只要有自己的名字就可以的人,他是真心实意去解决这些问题。""李先生的捐款与别人完全不一样,他的不一样在于别人在捐出款项以后,所考虑和关心的仅仅是其善举为不为社会所知,而李先生考虑的是捐出款项之后,是否解决了问题。"

做善事是不能用数字来衡量的,商人不能为了沽名钓誉,把金钱、利益和公益的事情挂钩。

一次当听到做慈善的号召,众多体育明星纷纷积极响应。当有人问到姚明这么多年对慈善公益事业的贡献,主要有哪些,又得到了哪些的时候,姚明回答:"最主要的就是付出了时间和精力,的确很累,但这让我感到非常满足。"

做慈善是为了得到精神上的满足,帮助别人其实是帮助自己获得心灵上的快乐。作为一名有成就的商人,不能忘记取之于民还需还之于民。在他人需要帮助时,慷慨解囊,播下慈善,便可收获心安。

胸怀:海纳百川,有容乃大

李嘉诚说:"长江取名基于长江不择细流的道理,因为你要有这样豁达的胸襟,然后你才可以容纳细流。没有小的细流,又怎能成为长江? 只有具有这样博大的胸襟,自己才不会那么骄傲,不会认为自己样样出众,承认其他人的长处,得到其他人的帮助,这便是古人说的'有容乃大'的道理。我之所以选择'长江'这个名字,就是勉励自己必须有广阔的胸襟。"

1. 长江不择细流,有容乃大

长江不择细流,故能浩荡万里;泰山不辞抔土,故能凌越众峰。企业也是如此,想要取得非凡的成就,就要尽可能吸纳一切人才,因为只有这样你才能不断地壮大自身。

如果将古代一个个权力集团比作一个个公司的话我们可以看到，那些在你死我活的竞争中最后存活下来建立起霸业集团的人，无不是一个能够吸纳一切人才的人。比如我们熟知的楚汉之争，对比刚愎自用的项羽，刘邦的用人之法简直是无所不用其极，无论是贩夫走卒还是前朝贵胄，只要有一技之长，全都能在刘邦的帐下找到属于自己的空间，可以说刘邦胜就胜在了这些人才上。

对于现代公司来讲，人力资源管理是一项最重要的工作，因为作为领导者不可能凡事亲力亲为，具体的事情必须要由具体的人去做，这就需要有一套完善的管理体系，以招揽并任用人才。

然而，招揽和任用人才是需要气度的。德才兼备的全才肯定每个人都喜欢的，却是少之又少，在某一方面突出的人可能在别的领域有着自己的缺陷。因此一个成功的企业要有容纳人才缺陷的气度，让他们尽量发挥自己的长处，只有如此，企业才能够尽最大可能地网罗人才。

李嘉诚曾说："任何时候都要重视人才的使用和选拔。一般的原则是，各尽所能，各得所需，以量才而用为原则。"

李嘉诚旗下有长江实业、和记黄埔、嘉宏国际、香港电灯等多家公司，业务范围遍及地产、通讯、能源、货柜码头、零售、财务投资及电力等多个行业，然而在每个行业中，李嘉诚都能做到最好，这归功于他手下有着大量不同层次、不同专业的人才。

李嘉诚起用人才不拘一格，只要是真的有才华，能够给自己创造利润的人，他都会破格起用。在他的助手里，除了麦理思和长江元老周千和属于前辈之外，马世民和洪小莲都是成熟稳健的生力军，而30多岁的周年茂和霍建宁，更是李嘉诚重用的"李氏内阁"的后起之秀。

在总结自己的用人心得时，李嘉诚曾生动地说："知人善任，大多数人都会有部分的长处，部分的短处，好像大象食量以斗计，蚁一小勺便足够。各尽所能，各得所需，以量材而用为原则。就如在战场，每个战斗单位都有其作用,而主帅未必对每一种武器的操作比士兵纯熟,但最重要的是首领亦十分清楚每种武器及每个部队所能发挥的作用,统率只有明白整个局面,才能出色地统筹和指挥下属,使他们充分发挥最大的长处以及取得最好的效果。"

用人是个大学问,想成就事业,没有人才是不行的,然而有了人才却不令自己满意,反而更让自己头疼。在这种情况下,很多人会选择寻找更完美的人才,但机会往往会在寻找中逝去了,成熟的人则不然,他们能够吸纳一切有用的人才,即使这些人才并不能让他完全满意,但通过他的甄别和任用,能够让人才扬长避短,发挥自己的优点。

萨耶·卢贝克公司是以其创始人理查·萨耶和卢贝克的名字命名的,两人都非常聪明,白手起家,靠着自己的才智和勤奋,在第一年就赚到了40万美元。随着公司发展越来越快,两人渐渐感到力不从心,经过反复讨论,他们决定为自己的公司聘请一位经理,总管一切经营事宜。但是,高级的人才一方面薪水要求高,这对于他们这个刚刚成立的小公司来说无疑是个不小的数字,另一方面那些高级人才也很难同意"屈居"于他们这个小公司。

在一筹莫展、焦头烂额之际,一次偶然的机会,两人在路边发现了一个名叫菲迪斯的小商贩,其推销手段非常高明,总是能先于旁边的商贩把东西卖光。这让两人反思,何必执着于有名声和经验的高级人才呢?何不在普通人里去挖掘那些有潜质的领导者呢?于是两人当即决定,聘请菲迪斯做公司的经理。两人找到菲迪斯说:"我们想请你来参加我们的生意,因为我们在你的身上发现了其他人没有的管理才能,坦白地说,你都可以替代我们两个,全权负责这家公司。"

菲迪斯听了这话惊讶不已,但卢贝克和萨耶坚定的目光给了他信心。结果,当上了经理的他果然表现出了很强的管理天赋,而且为报知遇之恩，菲迪斯天天废寝忘食地工作，做出了惊人的成绩。10年的时间里，该公司的营业额增加了600多倍，员工发展壮大到10多万人，每年销售额超过80亿美元，要知道，这对于当时的美国连锁百货行业来说，简直是不可思议的天文数字。

让一个小商贩来当高级经理，是很多人想都不敢想的事情，然而就是有人这么做了，最后他还成功了，这向我们证明了，人才是没有边界的，只要你敢于吸纳，这个世界上是绝对不缺少人才的。

2. 要有豁达的胸襟，才可以容纳细流

林则徐曾经有句名言是"海纳百川，有容乃大；壁立千仞，无欲则刚"。我们中国人是最讲胸襟的民族，包容他人是我们的传统美德之一，对于立志做一番事业的人，包容他人的气度更是不可缺少的。

我们有句俗话是"一个人的胸襟有多大，他的成就就会有多大"，对于一个处于高位的成功者来说，想要坐稳自己的位置甚至"步步登高"，就必须有包容他人的胸襟，尤其是在面对自己下属的时候，要宽容下属的过错，在这一点上李嘉诚先生向来做得很好。

李先生对工作态度是非常重视的，他认为工作是一项严肃的事情，决不能马虎，有时候，因为马虎而产生的错误可能会影响全局，因此他对不认真的职工深恶痛绝。然而即使员工有马虎的行为出现，李先生仍然会选择包容。他曾经说："职工平时马马虎虎，我一定会批评，但有时做错事，你应该给他机会去改正。"

无论是早期创业还是现在，下属只要是工作中出现粗心大意，李先生都会严格地指正出来。但是对那些因为种种原因而做错事的员工，李嘉诚则会耐心地指出他们的错误，并进行指导，以免他们犯同样的错误。李嘉诚决不会因为一个人犯了错误而永不起用。恩威并重，赏罚分明是李嘉诚待人的一贯风范。

李嘉诚善待下属绝不是盲目的，在为他们利益着想的同时，他坚持严格要求每个人。有时候，一些新来的员工作风拖沓，身上有官僚主义的影子，李嘉诚会要求对方立刻改正。他说："我很不喜欢人说些无聊的话，开会之前，我曾预先几天通知各人准备有关资料。到开会时，他们已经预备了所有的问题，而我自己也准备妥当。所以在大家对答时，不会浪费时间，因为如果你想精简，而你的下属知道你的想法，也就能够做出好的配合，从而提高办事效率。"

一个能够容忍员工犯错误的老板，才是好的老板，才能够得到员工的爱戴，进而让员工更加努力地工作。其实不仅是对员工，一个成熟的人对于合作伙伴、普通人甚至于敌人都会表现出宽容的一面的。

只有成熟的人才能成为成功的人，而豁达的大气度是成熟的一个标志，一个有豁达胸襟的人能将经历专注于应该专注的事情。一个成功的人生也应该大度一点，对生活中的琐事不要计较太多，用豁达的态度去生活。

当年伊利集团出现问题时，作为负责人的郑俊怀被捕入狱，家庭经济状况陷入了困境，因为郑俊怀的孩子还在外国读书，尚需要很多学费，走投无路的郑夫人只好找到牛根生，要他借点钱应急。

听了郑夫人的困难，牛根生先拿出了五千块钱交给郑夫人，然后说自己一定会帮忙。接着他立即召开董事会，在会上他把事情的经过告诉了其他董事，结果公司每个董事拿出五万块钱，牛根生自己又添了十万，凑够了三十万交到了郑夫人的手上。

当初是郑俊怀将牛根生踢出伊利集团的,在蒙牛发展的初期阶段和牛根生不断"打擂台"的也是郑俊怀。但是,此时的牛根生就好像将此事忘了一样,不计前嫌地给郑俊怀家人提供帮助,而他也因此更加得到了下属的爱戴和社会的好评。

我们可以说,正是这种不计较小事的胸怀,使得牛根生能够心无旁骛地发展蒙牛,让蒙牛在如此短的时间内取得如此大的成就。

豁达是一种自信的表现,一个自信的人会得到别人的信任。对他人豁达一点,不是软弱的表现,是一种睿智的强者姿态。《菜根谭》上面有一句话:"有大胸襟者,方有大智慧。"一个聪明的人,必然是一个拥有博大胸襟能够包容他人的人, 只有那些笨人才会执着于他人的错误走不出来。

世界上最宽广的是大海,比大海更宽广的是天空,比天空更宽广的是成功者的胸怀。能否包容他人,是判断一个人是否具有成功气质的重要标准。作为一个成功者,你不要吝惜自己的宽容,不要以为只有针尖对麦芒才叫强势,才有气势,宽容的胸怀亦是成功气势之所在。

3. 让下属分享利益,增强凝聚力

企业的成功需要人才,而一个成功的企业除了能寻找人才之外还要能把人才留住。如何留住人才,是很多经营者都十分头疼的事情,其实这个问题又非常简单,简而言之就是一句话:"给人才想要的。"

俗话说"无利不起早",每个人出来工作无非都是想要获得收益,可能每个人想要的东西不一样,但金钱却是不可或缺的,因此作为一个成功的经营者应该明白,在自己事业获得成功的同时,也要让下属分享利益,只有如此才能够增强企业的凝聚力,把下属聚集在自己的周围。

李嘉诚曾说过:"我时时总不忘提醒自己,要多为员工考虑,让他们得到应得的利益,这样才能让大家以公司为家,真正投入自己的热情和智慧。"只要是李嘉诚看得上的人才,他就绝不会吝啬,应该给的利益,绝对一分都不会少。例如,1984到1993年间任和记黄埔总经理的马世民离职前,在和记的年薪及花红共计有1000万港元,这个数字比当时的港督彭定康的年薪要多四倍。

"留住员工的办法很简单:作为一个领导,想一想下属最希望的是什么?除了一个相当满意的薪金花红,你还要想想他年纪大时怎么样。人希望一辈子在企业中服务,最后得到什么,企业主想过吗?这涉及一生的生涯规划,一个家庭的规划。一个五年以上的企业,领导身旁如果没有一个超过五年的主管跟着他,那可要小心一点了。"李嘉诚如是说。

有着管理与被管理关系的经营者和下属,其本质也是一种合作,即便你是老板,如果下属选择离开你也没有办法。因此作为经营者,绝对不可以只从自己的角度去思考问题,在任何时候都要切实地为下属着想,让下属分享成功的喜悦,也只有如此才能够将下属的追求与企业的目标合为一体,才能够让下属更有激情地为你工作。

在同一个行业,我们总是能够看到这样截然相反的状况:一家公司的员工总是没精打采,做事拖拖拉拉,而另一家公司的员工则总是精神亢奋,做起事来雷厉风行。如果细致去探究,我们一定会发现,出现这种状况的原因在于公司的待遇。思科公司是计算机领域里最受求职者青睐的公司之一,之所以有这种状况出现,原因在于思科公司CEO钱伯斯有一颗和员工分享利益的心。

在员工的福利上面，钱伯斯简直做到了"尽善尽美"。思科公司内部，有着世界上独一无二的全员期权方案：40%的期权发放给了普通员工，而不是高层管理人士。一个普通员工，只要干满12个月，在股权上的平均收益就有3万美元。

对于这一分配方案，曾经有一位专栏写到："为什么思科的员工总是在微笑呢？我怀疑这些员工是不是都被洗脑了？"然后他做了一道算术题："如果你早在1992年时，就在思科工作了，并且是位高级系统工程师，大概分配有5000股票，如果你一直留着这些股票，那么到现在，它的红利都已经超过240万美元了，微软或者还有那么几个亿万富翁，不过思科的亿万富翁都成堆了，怪不得那些员工们天天乐呵呵的。"为了留住人才，不惜把企业"分"给员工，钱伯斯对员工利益的重视可见一斑。

钱伯斯如此重视人才的利益，而人才最终给他带来了丰厚的回报，十年里，思科公司无论是规模还是利润都增长了近千倍，这样的发展速度，要远远超过同行业其他公司，是硅谷乃至于世界发展最迅速的公司。

很多人在创业的初期通过对未来展望的方式，让下属心甘情愿地跟随自己，但成功之后，则开始变得小气起来，不愿意让下属分享自己的成果，这样的人是不可能获得成功的。

假如一个员工自认为自己为公司创造了200万的利益，而公司却连两万元的薪水都不愿意给自己，那么这个员工还会有工作的积极性吗？还会继续留在这家公司吗？相信谁都会说不。一个每个人都不愿意待下去的公司，那它的前景就可想而知了。

当需要别人帮助的时候，我们懂得拿出一些东西来换取，但把这个理论放进公司里面去，很多人就看不明白了。其实对于经营者来说，企业不是在求员工帮助自己吗？在这样的情况下，如果没有一定的利益作为基础，那帮助你的人一定会离你而去。因此将利益分给下属，虽然减少了自己的所得，但却给公司带来了长远的回报。

4. 是员工养活了整个公司，公司应该感谢他们

企业是由一个个具体的人构成的，老板虽然是企业的所有者，但也是构成企业的一分子，一个企业想要发展良好并有光明的前景，没有员工的一直努力，只靠老板一个人是绝对不行的，因此在某种意义上说，企业是由员工"养活"的。

既然企业由员工"养活"，那作为企业经营的主要受益者，老板就应该善待员工，只有善待才能让员工对工作投入热情，让企业更有凝聚力。对这一点，作为华人中最为成功的商人——李嘉诚看的是非常清楚的。

很多企业老板都认为是自己给了员工饭碗，因此员工应该对自己感恩戴德，努力工作以回报自己，自己怎么要求都不过分。

但只要是稍微有思考能力的人就都明白，这种想法是非常错误的。老板与员工本是雇佣与被雇佣的关系，即使双方有其他关系，也是员工在养活老板，而并非老板养活员工，因此聪明的老板应该多站在员工的角度考虑，对员工多一些谢意。

李嘉诚曾说过："可以毫不夸张地说，一个大企业就像一个大家庭，每一个员工都是家庭的一分子。就凭他们对整个家庭的巨大贡献，他们也实在应该取其所得，可以说，是员工养活了整个公司，公司应该多谢他们都对。员工是公司的血液，没有他们的支撑，公司难以有长足的发展。

作为公司的领导者,应该感谢他们。"

香港著名作家林燕妮有次为寻找公司驻地专门跑到长江大厦看楼,当她进入大厦的时候却惊奇地发现,长江集团仍然在生产塑胶花。在当时,塑胶花早已变成"明日黄花",根本无利可图。是时的李嘉诚已经凭借地产在商场站稳了脚跟,根本不需要再经营利润微薄的塑胶花,因此这种情形让林燕妮感到非常不解。

后来,经过询问林燕妮才明白,原来李嘉诚顾念着那些没有其他谋生手段的老员工,想要给他们一点生计,所以不忍心抛弃旧产业。

有不少人都说李嘉诚是最善待员工的老板,从这件事上面,我们可以看出所言非虚。善待员工,是出于对员工的感激之情,而正是这感激之情,让李嘉诚得到了员工的一致拥戴。

在市场竞争越来越激烈、个人自由越来越宽泛的今天,谁能将人才最大限度地聚集到自己的企业当中,谁就会在竞争中占得先机。在这方面,李嘉诚无疑是个成功者,他凭借着对员工的感激之情,和为员工切身利益考虑的行为,赢得了无数人才的心,而他的成功的人力基石也因此奠定了下来。

5. 对人才,应给予良好的报酬和显示明确的前途

2006年世界著名权威管理杂志《经济学人》曾发表过一篇论文,是关于中国企业的"毛泽东管理艺术"的。所谓"毛泽东管理艺术"即在创业初

级阶段,在没有良好回报的情况下,管理者仍然可以通过一些手段将人才紧密地团结在自己周围,给人才提供美好的远景。

没有多少人是由衷热爱自己工作的,然而这个社会上不工作的人又凤毛麟角,为何不喜欢的事情大家还要去做呢?这是因为工作可以带给他想要的东西,或报酬、或前途。一个企业如果能够给员工提供良好的报酬和明确的前途的话,即使暂时没有好的待遇,也能吸引住很多人才,这就是"毛泽东管理艺术"的成功之处。

然而对于一个企业来说,并不是发展壮大了就算成功,企业要强大还要保持强大,而人才无疑是企业保持强大最重要资源,因此一个聪明的管理者不但懂得如何利用人才来"打天下",而且还懂得如何利用人才来"坐天下",李嘉诚就是这样聪明的管理者。

在长江集团发展的过程中,李嘉诚不断给和自己一起"打天下"的员工以低价购入长江实业股票的机会,让他们分享公司成长的利益,从而增强了团队的凝聚力和向心力。比如,原和黄董事行政总裁马世民离职时,用8.19港元/股的价格购入160多万股长实股票,当日按23.84港元/股的市价出手,净赚2500多万港元。

2000年,香港税务机关评出的"打工皇帝"中,前十名中有四位出自李嘉诚旗下的企业,其中和记黄埔董事总经理、香港电灯副主席、长江基建副主席、长江实业执行董事霍建宁更是名列"打工皇帝"榜首。

李嘉诚不仅给员工提供高薪,在生活上满足员工,而且注意给每个人提供提升的机会。李嘉诚的用人观念很简单,就是唯才是用,只要是有才能的人,在李嘉诚的公司都能够得到重用。

盛颂声是辅助李嘉诚从创业到公司发达的劳苦功高的元勋之一,几十年来,他兢兢业业、任劳任怨地为长实的发展、壮大贡献出自己的聪明才智,李嘉诚除了提拔他任长实的董事副总经理外,还委以他负责长实公司地产业的重任。当盛颂声举家移民加拿大离开长实时，李嘉诚专门举办了盛大的酒会为他饯行，令盛颂声十分感动。

让下属分享成功，不仅是笼络人才的手段，也是体现领导者风度的做法，毕竟大家和你一起"打天下"是为了利益和前途。因此，作为领导者，只有在获得成功之后让大家实现自己的理想，才能够保证他们紧紧地包围在你的四周，将自己的理想与你的事业捆绑在一起，形成一股战无不胜的力量。

人才是现代商业竞争的制胜法宝，没有广大的员工卖力苦干，再有本事的老板也是孤掌难鸣，成不了气候。相反，企业富有凝聚力，员工精诚团结，为老板出力，这个企业就必定大有前途。作为领导人，一定要真正认识员工的价值所在。

"对自己要节俭，对他人则要慷慨。处理一切事情以他人利益为出发点。要了解下属的希望。除了生活，应给予员工好的前途；并且，一切以员工的利益为重，特别是在员工年老的时候，公司应该给予他们绝对的保障，从而使员工对集团有归属感，以增强企业的凝聚力。"李嘉诚如是说。

6. 工作马虎一定要批评，但有时做错事，也应给他机会去改正

对于一个企业的领导者来说，在工作中由于实际问题对下属的错误进行指正或批评在所难免，评判和指正下属是一个成功领导者的义务与权利。

但作为一个成熟的管理者也要明白，批评下属的"权利"是不能滥用

的。在下属有错的时候对其进行批评、督促改正是必要的，但决不能因为怕下属出错而先把批评的"达摩利斯之剑"悬在下属的头上，让下属因为不敢犯错而畏首畏尾，若是如此，虽然员工的错误少了，但是下属的工作效率和工作激情也因此丧失了。

作为管理者，具体事务不需要亲力亲为，但也因为如此更要提高他们管理下属的水平。一个成功的管理者，除了满足员工的利益需求以调动员工的积极性以外，还要对员工的工作进行管理。可以说，对员工的管理有时甚至比调动员工的积极性还重要，管理好了，积极性自然就调动起来了，但如果管理不力，那么即使调动起了积极性也可能把企业带入歧途。

那么该如何开展对员工的管理工作呢？李嘉诚给了我们明确的答复，他说："职工平时马马虎虎，我一定会批评，但有时做错事，你应该给他机会去改正。"工作是一项严肃的事情，决不能马虎。有时候因为马虎而产生的错误可能会影响全局。所以，对做事不认真的员工决不能纵容，否则会滋长他的这种情绪，这不仅是对公司的不负责，也是对员工的不负责。

曾经有一次，公司从其他企业聘入了一批中层管理者，这些新来的管理者身上带着很多原单位的习气，作风拖沓、官僚主义严重等等。中层管理者是企业的润滑剂，而这批人的加入无疑像掺了沙子，让上层管理者和基层工作人员非常难受，一时间投诉信纷至沓来，纷纷要求公司解雇这批人。

知悉这种情况之后，李嘉诚立即要求对方立刻改正，同时安抚投诉者，说自己打算再给这些人一个机会。而后，这批新人中的绝大多数确实作出了改变，一个融洽的企业氛围再次回来了。

所有的人都会犯错误,因为错误本身是成长的一部分,一个不断犯错后会不断改正的人才是一个有进步的人。在了解到这一点之后,一个成熟的领导者都要能够用一颗宽容的心去对待下属。当下属犯错误时,对其作出批评是正确的,但不能矫枉过正,要给对方改正和从改正中学习的机会, 只有如此你才能得到下属的尊敬, 也才能够保证公司的血液——人才总是处于不断地自我更新中。

全球酒店大亨、希尔顿集团的创始人康拉德·希尔顿在选拔和使用人才方面的做法非常令人称道。老希尔顿对每位下属都很信任,他放手让下属们在职务范围中发挥聪明才智,大胆地负责工作。而一旦这些下属们犯了错误,他的做法就是把他们单独叫到自己的办公室里,先安慰他们一番,此时他说得最多的一句话就是:"当年我在工作中犯过更大的错误,你这点小错误算不了什么,凡是干工作的人都难免会出错。"在下属情绪稳定之后,他再客观地帮助他们分析错误的原因,并一同研究解决的办法。

老希尔顿之所以能够对下属犯错误采取如此宽容的态度,是因为他知道,只要一个组织内部的高层领导,比如公司里的总经理或者董事长的决策在方向上是正确的,那么那些基层员工犯的小错误是不会影响到整个组织的发展。如果领导者面对错误一味地指责,反而会打击到错误员工的积极性,从根本上动摇企业的根基。我们可以猜测一下,也许正是因为希尔顿这样豁达的处事原则,才使得希尔顿集团的全部管理人员都愿意为他奔波效命,对工作兢兢业业,认真负责,希尔顿集团才有了如此辉煌的成就。

有人将犯错误比作交学费,这非常的形象,犯错误并不可怕,可怕的是学费交过之后却没有学到任何东西。员工犯了错,交学费的是企业,员工得到了进步,收益的同样是企业,因此管理者应该正确地看待员工犯错,为学费心疼的同时要让员工真的学到东西。

7. 打破国际界限，大胆启用"洋人"

"缤纷色彩闪出的美丽，是因它没有分开每种色彩。"这是香港著名乐团BEYOND主打曲目《光辉岁月》一歌中的一句歌词。如此一句普通的话，却让我们从中品味出了一番哲理：凡能成其大者，皆不弃涓流。

一个想取得事业成功的人，应该调动身边的一切资源，尤其是人力资源。将很多不同的人集中起来本身就是一件非常成功的事，而如果能够将这些人的行动目标归于一致，那么成功就唾手可得了。因此我们看到，越是善于用人，什么样的人才都能用的人，越能够取得成功，李嘉诚就是一个很好的例子。

李嘉诚曾经给自己做过一个形象的定位，他说："我是杂牌军总司令，难道我拿机枪会好得过那个机枪手吗？难道我可以强过那个炮手吗？总司令懂得指挥就可以了。"今天，李嘉诚的基业已经达到了令人叹为观止的地步，而能够取得如此大的成就，可以说他的"杂牌部队"居功至伟，在这个"杂牌部队"中不仅有来自各行各业各种学历的大陆人、香港人，还有很多外国人，而在某些场合、事务上，这些"洋人"确实起到了关键的作用。

1982年秋，英国首相撒切尔夫人赴京就香港问题与中方谈判，在香港的英国人惶恐不安，信心危机席卷香港。此时，作为和记黄埔集团执行总裁的李察信因为和李嘉诚在企业业务重心问题上出现重大分歧多年，最终提出了辞职，而后李嘉诚选择了一个英国人作为继任者，他就是马世民。

马世民原名叫西蒙·默里，马世民是他来香港后取的中文名。此人是李嘉诚连公司一道买下的人才。1984年，李嘉诚通过旗下的和记黄埔收购了马世民的公司,他本人一并成为李嘉诚手下的一笔财富。同年,马世民坐上和记黄埔集团第二把交椅,任董事行政总裁。

除了和记黄埔外,马世民还先后出任过港灯、嘉宏等公司董事主席,是整个长江实业集团除老板李嘉诚外第一个有权有势、炙手可热的人物。马世民上任之后,便在和记黄埔内部进行大刀阔斧的整顿,让公司工作效率得到了显著的提高,他还辅佐李嘉诚成功地收购了港灯集团,是当时华资进军英资四大战役中的一大功臣。

"思科有着比历史上所有其他公司更多元的企业文化。比如说,思科29%的员工在亚洲。我们不在乎你的年龄、性别、肤色、宗教信仰,只要你棒,思科就爱你。"这是思科总裁钱伯斯先生说过的一句话。思科从一个三个人的小公司成长为今天电子软件行业的巨无霸,靠的就是这种不拘一格的人才战略。

对于一个企业来说,什么是最宝贵的？相信很多人都会有自己的看法,有人会说是市场,有人会说是产品,有人会说是创新,有人会说是服务,但无论是什么,这些因素的载体都是人。

产品是人生产的、创新是人开发的、市场是人挖掘的、服务是人提供的,就连企业也是由人组成的。没有人才,一个企业的其他方面即使再优秀,也是不可能获得成功的。因此,但凡成功的企业家,无一不是把人才作为企业之本,尽一切可能调动一切资源网罗人才,无论是本国的还是外国的,有了人才,企业的明天就有了保证。

8. 生意场上没有永远的敌人

英国首相帕默斯顿曾经说过，"大英帝国没有永远的朋友也没有永远的敌人，只有永恒不变的利益。"他的这句话一直被当作是外交界的至理名言。其实商场也是如此，企业的目的无非是赚取最大的利润，在这种情况下，企业为了利润要经常和他人展开竞争，同样如果对自己有益，那么与竞争对手化敌为友也未尝不可。

李嘉诚帮助包玉刚收购九龙仓，击败置地成为中区新地王，但他并未因此与纽璧坚、凯瑟克结为冤家。一场博弈之后，大家握手言欢，联手发展地产项目。通过类似手法李嘉诚和生意场上的许多人结成了合作伙伴、打成一片，创造了"只有对手而没有敌人"的奇迹。

生意之间的来往，有合作也有竞争。商场上少有情面可讲，为竞争同一个买卖，多年的老交情可能一夜之间碎裂，成为敌对，但李嘉诚却并不赞同，他一直认为同行之间若既能各挣各的钱，又能保持友情，对事业有一定的帮助。上面的例子很好地为我们证明了这一点。

孔子认为一个真正成功的人具备包容、恭敬、诚信、灵敏、慷慨五德，五者合而为一，便是豁达。生意人，不能为了个人利益，随便将同行变成生死敌手，否则将有无休止的对抗。须知，生意场上并没有永远的敌人。

商人确实要以利益为重，但见利忘义、自私自利者，无法做长久的生意。做生意不能靠精明的算计，更不能因过去的敌对而时刻怀恨在心，想着报复对方。很多时候，同行之间需要合作，才能排除外界的竞争，如果一味排斥对方，危难来临时，只会孤立无援。

1992年2月，袁天凡与老同事杜辉廉、梁伯韬主持的百富勤合伙创办天丰投资公司,袁天凡占51%股权,并出任董事总经理,兼旗下两间公司的总裁。李嘉诚义无反顾,依旧支持袁天凡,认购了天丰投资9.6%的股份。心比天高的袁天凡被感动了,他曾多次公开表示:"如果不是李氏父子,我不会为香港任何一个家族财团做。他们(李氏父子)真的比较重视人才。"

"有容乃大,无欲则刚",商场竞争无情面,为赚取更多利益,你可以一再地打败竞争对手,但不能不择手段。必要时,给对方一些利益,舍得让利,才能维持彼此间微妙的同是竞争,又同是合作的兼并关系。

竞争与合作并不冲突,李嘉诚认为,此时的竞争不代表今后没有合作,商家因利益而有所牵扯,也会因利益化敌为友,一旦达成共识,合作是必然。

拥有一个豁达胸怀的生意人,虽分秒必争,但也清楚该舍则舍,太计较利益上的得失,会被同行所排斥。俗话说"和气生财",和气在先,总有再次合作的时候,强强联手更容易对抗外敌,共同渡过难关。

9. 听得进他人的意见

"忠言逆耳利于行",一个人的思维方式有一定的局限性,而人与人的视角有所不同,事物的好坏,不能仅凭一个人的评价给出判断。一些成功者常将听取他人意见作为行事的准则,从中整合出最有利的解决方案。

李嘉诚认为,多听取他人的意见,对做生意有很大的好处。取他人之长,方可补己之短,然而一些企业的领导者,独断独行,对他人的意见完全置之不理,甚至认为那是对他权威的挑战,将其视为眼中钉、肉中刺。如此心胸狭隘的领导无法获得他人的尊重与喜爱,甚至会失去大家的支持。

1977年9月,李嘉诚正将目光投向对九龙仓的收购上时,从其他人口中了解到,九龙仓的老板已经在布置反收购,而怡和的现金储备不足以增购到绝对安全的水平,于是他只有向香港第一财团英资"汇丰银行"求救。

之后,汇丰银行的掌门人沈弼亲自出马斡旋,奉劝李嘉诚放弃收购九龙仓。李嘉诚审时度势,认为不宜同时树立怡和、汇丰两个强敌,日后长江实业的发展,还期望获得汇丰的支持。权衡之下,李嘉诚最终答应沈弼停止收购。

李嘉诚曾说:"要成为一位成功的领导者,不单要努力,更要听取别人的意见,要有忍耐力,提出自己意见前,更要考虑别人的意见,最重要的是创出新颖的意念……"旁人的意见不可不听,公司下属的意见也不能忽略。

日本经营之神的松下幸之助曾经说:"我每天到办公室里第一件要做的事就是仔细看员工们又给我提了什么样的建议。"

无独有偶,IBM公司的前任CEO沃森曾说:"我从不会犹豫提升一个我不喜欢的人当官。体贴入微的助理或你喜欢带着一起去钓鱼的人对你可能是个大陷阱。我反而会去找那种尖锐、挑剔、严厉、几乎令人讨厌的人,他们才看得见,也会告诉你事情的真相。如果你身边都是这样的人,如果你有足够的耐心倾听他们的忠告,你的成就是不可限量的。"

西方有句谚语:"上帝之所以给我们两只耳朵一张嘴,就是要我们少说多听。如果我们总是张着嘴说话,我们学到的东西肯定非常有限,了解到的真相也会少得可怜。"作为一个成功的人,不能只端着领导的架子,而应该多听取他人意见的。

　　美国东南运输公司因管理上出现的一次问题差点导致公司破产,致使公司不得大量裁减人员,以填补损失。而境况好转后,公司领导发现员工的流动性越来越大,而招募和培训新职员需要花上一大笔费用。

　　面对这种问题,当时主管公司人事的德德·凯日曼找到了董事会成员阿方索·西蒙尼,希望能帮上忙,西蒙尼也想从他那里听到好的建议,交谈过后,凯日曼说考虑几天再给他答案。

　　几天后,凯日曼找到西蒙尼说:"我想我似乎找到答案了,但你要承诺能够提供给我我所需要的东西。"西蒙尼马上安排了董事会议,让公司的决定层听一听凯日曼的想法。

　　凯日曼通过与许多员工谈话了解到,企业的中心员工全是兼职的。这些员工一天只工作四小时,全在夜晚。因此凯日曼向董事会的成员们提出要想留住这些兼职人员,公司要提供给员工全职的医疗保险福利,并提高其他福利项目。

　　通过一番讨论,董事会批准了凯日曼的这个计划。那些兼职者也与全职者一样,享受到了医疗福利。此举使得人员流动率由原来的60%下降到5%,公司的士气空前高涨,业务量快速攀升。

　　作为领导者,你应该多鼓励下属向你提意见,不管他们的意见正确与否,这对你以及整个企业而言,都是一份责任的体现,你的倾听不仅使自己多了一个思考角度,更是对下属的鼓励与尊敬,而下属只会更加心甘情愿、尽职尽责地为公司付出。

　　无论是机关还是企业,最"省心"的领导,都是能让下属进行自我管理,充分听取并尊重下属的意见,发挥参与式管理的作用,利用团队建设,实现团队的沟通与互动,提高组织效率的人。

善于听取他人意见,方可做到审时度势,认真分析境况,避免企业走入歧途。尊重员工意见以及信息反馈,是领导重视并认可下属的重要体现。员工习惯将领导视为先锋,得到领导认可,会增加他们内心的忠诚度,使他们对组织有种无法言语的归属感,对工作更尽职尽责。

谋略:有胆有识有气魄

狭路相逢勇者胜。有勇无谋,匹夫也;有谋无勇,竖儒也;智勇双全,方为国士。李嘉诚一直稳坐商场上"常胜将军"的交椅,凭借超人的胆识与气魄,与竞争博弈,见招拆招,变危为机,与时间赛跑,当机立断,被视为商界"超人"。

1. 经商就是斗智斗勇

在战场上一个人要想保全自己、战胜敌人就一定要智勇双全,无论是在计谋上还是在勇敢上都要超过对方,如此才能让自己立于不败之地。商场如战场,一个想要在商业竞争中获得成功的人也要做到智勇双全。

天下三百六十行，没有不赚钱的行业，只有不会赚钱的人。李嘉诚曾说："不必再有丝毫犹豫，竞争既是搏命，更是斗智斗勇。倘若连这点勇气都没有，谈何在商场立脚。"

选择行业就是选择赚钱的途径，然而途径选对了你还要有赚钱的心机，也就是要多思考，创造赚钱的商机。有心机的人即使身无分文，也会找到赚钱的方法，即使人人都认为无钱可赚，他也能从中发现商机，找到赚钱的机会。很多时候，做生意要想想各种可能性，这样才能做到赚钱而不是赔钱；如果赔钱了你就要想想赔钱的原因，然后再去改善。能够在商场上利用智谋的人是最容易赚到钱的。

20世纪50年代，香港政府实行繁荣经济的自由贸易，不征关税，容许自由进出口贸易、转口贸易，取消"禁止黄金出口条例"，废除不增发银行牌照法案，港元可以兑换任何国家、地区的货币，黄金进出口、汇兑不受限制等等措施，使香港经济出现了空前大繁荣的黄金时代。

经济繁荣，势必会导致房地产业热，寸土寸金，投资房地产，必定会大有作为。李嘉诚的"长江"实业也开始了进入地产业的第一笔投资，然而良好形势并没有持续多久，刚经历了"二战"，全球陷入了经济危机，香港也未能幸免，房地产业也进入萧条期，地价猛跌70%，许多房地产公司纷纷倒闭。

经过周密分析，李嘉诚大胆地作出了他一生之中具有决定性的抉择。精于算计的李嘉诚觉得经济危机只是暂时现象，香港的经济在未来几年之内便会回潮。他看准时机，以极低的价格购进了几块地皮。李嘉诚特别看中香港北角，并在那里兴建了一座十二层高的工业大厦，这不仅解决了"长江"的厂房问题，而且还空出很大一部分，以高价租给了别人。时隔两年，李嘉诚又在柴湾建了第二幢工业大厦。

　　李嘉诚不管资金多紧，都宁可少建或不建，也不卖楼宇加速建房速度，同时他会尽量不向银行作抵押贷款。李嘉诚兴建收租物业，资金回笼慢，却有稳定的租金收入，能让物业增值，随着时间的推移，这种功效也越能显示出来。果然不久之后，经济回暖，地升楼贵，李嘉诚"坐享其利"，拥有的大批物业和储备的大量土地，成为香港最大的地主。

　　智谋让李嘉诚实现了事业上的飞跃，然而对于成功者来说仅有智谋是不够的，因为市场毕竟不是一个人的市场，有钱赚的地方就会有竞争，在市场的竞争中除了要以智谋取胜之外，还要在与竞争对手针锋相对的时候表现出非凡的勇气。所谓狭路相逢勇者胜，很多时候，竞争的输赢就决定在这一个"勇"字上面。

　　和李嘉诚齐名的霍英东先生就是一个勇者，他一手创办香港立信建筑置业公司，在香港居民的眼中，他是个"奇特的发迹者"。

　　霍英东做生意有一个可贵的品质，那就是勇敢，他从不错过任何一个机会来发展自己的事业。20世纪50年代朝鲜停战以后，霍英东慧眼独具，看出了香港人多地少的特点，认准了房地产业大有可为，于是毅然倾其多年的积蓄，投资到房地产市场。

　　他的行为在当时看来简直就是赌博，如果失败，他可能会血本无归、倾家荡产，但幸运的是，他赌对了。从1954年开始，霍英东着手成立了立信建筑置业公司，每日忙于拆旧楼、建新楼，又买又卖，用他自己的话形容当时的局面就是"从此翻开了人生崭新的、决定性的一页"。

　　有勇无谋，匹夫也；有谋无勇，竖儒也；智勇双全，方为国士。无论是经商还是处世，智和勇都是人生不可或缺的成功因素，尤其是在与人竞争的过程中，想要获得战胜对手，就一定要在智勇两方面都做到完善。

上天不会把成功随随便便赋予一个人，要想在竞争中脱颖而出、获得成功，就必须有打动上天的品质，在商场上，谁是最勇武的，谁是最智慧的，谁是智勇双全的，上天都看在眼里。

2. 学会用打高尔夫的心态经商

打高尔夫球是很多成功人士都喜欢的运动，它一方面可以放松身心，舒缓情绪，另一方面能锻炼人的专注能力，提醒人保持良好的心态。

高尔夫的技巧极难掌握，且击球效果受环境的影响很大，因为是多杆运动，最后的成绩是每一杆的集合，所以它就要求人在打球的时候心态异常平和，每一杆都能稳定地击发，不受之前失败的影响。

李嘉诚说："做生意一定要同打球一样，若第一杆打得不好的话，在打第二杆时，心更要保持镇定及有计划，这并不是表示这个会输。就好比是做生意一样，有高有低，身处逆境时，你先要镇定考虑如何应付。"

商场就是如此，就算是成功者也不可能总是一帆风顺，生意出现高低起伏是在所难免的。失败虽然为人所不喜，但也是每一个商人都会经历的事情，有的人被失败打倒后再也站不起来，如同打出一杆坏球就愤怒沮丧的人，其后面一杆比一杆打得差，直到放弃比赛；而有的人则不然，他们被失败打倒后，很快就站起来，他不因失败而消沉，而是反思过后，在接下来的生意中更加谨慎，用行动弥补"这一杆"的失误，最终取得优异的成绩，李嘉诚无疑属于第二种人。

不仅仅是竞争对手的打击，一个人走在成功的道路上还会遭受来自于方方面面的挫折，在这些挫折面前，一个智者所要做的就是尽量保持清醒的头脑，主动寻找解决问题的办法，化被动为主动，获得反败为胜的机会。

罗勃是美国一家玩具店的总经理，在20世纪七十年代，美国玩具业出现了前所未有的危机，传统的"电子型"和"智力型"玩具是美国玩具公司的主要产品，但由于玩具销售量突然大降，生产这些玩具的公司都恐慌了，他们害怕失败、害怕破产，于是拼命地开发新的玩具，可是越是加大开发投资，破产的速度越快。

在危机中，罗勃并没有像其他玩具公司那样希望通过更新玩具来挽救自己的玩具店，而是放下了销售工作，似乎接受了难以避免的失败。但其实，罗勃并没有放弃，他想通过更好的方式解决问题，于是加大了市场调查的力度。他发现随着现代化的深入，美国很多家庭出现了危机，比较高的离婚率，给儿童造成心灵创伤，也使得不能抚养子女的一方失去了感情的寄托。这时候的玩具已经不适合再生产"电子型"、"智力型"的玩具，而必须开发出"温柔型"的玩具才能抓住孩子们的心。罗勃抓住了这一时代变化的趋势，最终开发出一种椰菜娃娃玩具，这种玩具成功弥补了人们心中的感情空白，而罗勃的公司因此得到了重生。

跌倒了，爬起来，继续前进，这是许多人能在平庸中脱颖而出成为成功者的原因。我们每个人都渴望成功，然而很多人就是因为不能接受失败，在失败面前总是退缩，所以永远不能获得成功。我们应该提醒自己，仅仅在经商之前勇敢冒险是不够的，还要在失败后勇敢面对现实，继续奋斗。

总之，无论面对何种情况，在我们的事业遭遇挫折时，一定要冷静思考后面如何行动,因为这个过程还没结束,成败还没有确定。我们要在谨慎行动中找到成功的出口,在挫折中实现跃进。

3. 随机应变是正道

我们生活在一个变化的时代,人的信仰、喜好,社会的风潮、流行,市场的方向以及政府的政策等,决定个人和企业成败的因素无时无刻不在发生着变化。在这些变化的大环境中,如果一个人想要保持不败就一定要紧跟瞬息万变的潮流,在变化中寻找成功的契机,因此对于有志于成功的人,随机应变才是正道。

说到随机应变,它可以表现在很多的方面,比如说一个企业对产品和服务的创新要切合市场需求、对企业财务支出的比重要切合企业实际的经济形势,一个人采用何种方式与对手竞争要先分析双方实力、确定努力的方向,要根据外部环境的变化等等,在这方面,既创造了成功企业又获得了个人成功的李嘉诚非常值得我学习。

在加州淘金热潮中,一个17岁的小农夫亚默尔也加入了庞大的淘金队伍,他同大家一样,历尽千辛万苦,赶到加州。淘金梦是美丽的,做这种梦的人很多,而且有越来越多的人蜂拥而至,一时间加州遍地都是淘金者,而金子越来越难淘。不但金子难淘,而且淘金者的生活也越来越艰苦。当地气候干燥,水源奇缺,许多不幸的淘金者不但没有圆致富梦,反而葬身此处。

小亚默尔经过一段时间的努力,和大多数人一样,不但没有发现黄金,反而被饥渴折磨得半死。一天,望着水袋中一点点舍不得喝的水,听着周围人对缺水的抱怨,亚默尔忽发奇想:淘金的希望太渺茫了,还不如卖水呢。

于是,亚默尔毅然放弃对金矿的努力,将手中挖金矿的工具变成挖水渠的工具,从远方将河水引入水池,用细沙过滤出清凉可口的饮用水。然后,他将水装进桶里,挑到山谷一壶一壶地卖给找金矿的人。当时,有人嘲笑亚默尔,说他胸无大志,但亚默尔毫不在意,继续卖水。

结果,淘金者都空手而归,而亚默尔却在很短的时间靠卖水赚到几千美元,这在当时是一笔非常可观的财富。

机会永远都在那里等着你,就看你怎么去挖掘,亚默尔没有随千军万马一同挤上独木桥,而是另辟蹊径,为自己掘开了一个更大的"金矿",这就是随机应变。

有的时候,人会因为不好的前景而感到沮丧,但俗话说"牛市能发财,熊市也能发财",无论个人前景怎么样,成功的机会永远是有的,至于能否成功,这看你能否抓住多变的机会了。

4. 善于在危险处斩获利润

投资学上有一句:"利润是和风险相伴随的,且利润越大风险越大。"这句话是投资学的至理名言,为我们昭示了风险和利润之间的关系,如果你是一个聪明的人,其实可以从这句话中读出另一层意思,那也就是:在风险越大的领域,取得高额利润的可能性就越大。

　　"富贵险中求"是中国的一句古话,为何有如此话讲呢？因为人都有保护自身的倾向,而危险越大让自己受到损失的概率就越大,因此即便这条路走下去会有很大的机会获得高昂的回报,大多数人还是在高额的风险中停下了脚步。对于少数有志于成功的人来说,风险不会成为他们前进的障碍,在一切都做好了准备之后,他们会毅然地投身于风险当中,进而获得令人瞩目的成就。

　　此举可以说是李嘉诚此生最大也最为仓促的决定。如果失败,李嘉诚付出的代价可能是失去多年来苦心经营的事业！风险有多么巨大,一向作风稳健的李嘉诚心里非常清楚。最终,他的大胆行动换来了丰厚的回报,对方考察人员对长江橡胶厂的情况非常满意,在离开香港前就和他确定了长期合作意向,而后李嘉诚还通过该公司获得了加拿大帝国商业银行的信任,为自己进一步开拓海外市场奠定了良好的基础。

　　敢赌才能赢,一个人只有敢于冒别人不敢冒的险,才能收获别人收获不到的果实。许多人对成功有着执着的渴望,然而却不敢承担和成功相关联的风险,在风险面前驻足不前,这样虽是安稳,却也让成功变得遥不可及。

　　有个人问一个农夫是不是种了麦子,农夫回答："没有,我担心天不下雨！"那个人接着又问道："那你种了棉花了吗？"农夫说："没有,我担心虫子吃了棉花。"于是那个人又问："那你是栽了水果吗？"农夫说："没有,这两年的雨水多,我怕果子烂在树上！"最后那个人问道："那你到底种了什么？"农夫说："什么也没种,我要确保安全。"

　　常言道："不入虎穴,焉得虎子。"想赚大钱,却不想冒风险,结果就很可能像这个农夫一样一无所获。没有人愿意置身于危险当中,然而成熟的人非常清楚地知道,成功路上的风险是在所难免,想抓住机遇就得冒险,因此一个成功的人首先是充满勇气的,他能够在别人都胆怯的时候第一个站出来面对风险。

5. 见招拆招,危机变生机

"兵来将挡,水来土掩"是兵法上不变的常识,而人生的道路也是如此。一个有志于成就一番事业的人,在做事的时候难免会遇到各种各样的危机,李嘉诚认为,当这些危机出现时,最好的做法就是"见招拆招",冷静下来一一应对,这样不但能够成功地化险为夷,还能在危机中寻找到生机,变坏事为好事。

见招拆招是一种睿智的表现,它首先体现出一种冷静的心态,能将危机处理得尽善尽美的人永远是最冷静的人;另外它体现了一种平稳的解决办法,有的时候危机的解决并非一蹴而就。"眉毛胡子一把抓"的做法非但对解决危机无益,反而可能让事情越变越糟,在这种情况下你要以"剥茧抽丝"的手法把危机分析清楚,抓住问题的主次,一一解决,这样才能取得最令人满意的效果。

李嘉诚在商界是人所共知的"常胜将军",然而说他"常胜"并非是他没有遇到过危机,在几十年的商旅中,大大小小的危机他不知经历了多少次,但是从来没有一次危机能够把他打倒,这是因为他有见招拆招的本事,不但能够成功躲过危机,甚至还能把危机变为机遇。

1997年,席卷整个东南亚的国际金融危机爆发了,李嘉诚的和记黄埔也受到了严重的冲击,随着危机的进一步加剧,和记地产部门1998年的税前盈利比1997年减少23%,这还不包括巨额的特殊拨备;港口业务1998年同比下滑8%,最重要的国际货柜码头葵涌的业务出现收缩;零售、制造和其他的服务部门1998年经常性息税前盈利同比减少37%,其中,零售部门的百佳超市和屈臣氏大药房在内地出现亏损,香港丰泽电子器材连锁店盈利持续疲弱。

面对这一形势,李嘉诚果断采取出售资产的方式来平缓业绩波动。他首先出售了宝洁和记有限公司的部分权益,而后出售亚洲卫星通信。为了集中精力发展移动通信业务,和记电讯于1997年和1998年分两次出售了持有的全部54%的股份,从通信行业脱身出来。

李嘉诚这两个行为,在当时的香港商界引起了轩然大波,然而当商界冷静下来之后,又不得不为李嘉诚的睿智感到钦佩。通过对这两项资产的出售,和记黄埔成功地稳住自己的业绩,使1997年净利润较1996年增长2%,1998年净利润较1997年下滑29%,而如果没有上述出售交易,结果肯定不是这样。而后,在经济形势更为严峻的1999年,李嘉诚靠着出售欧洲移动电信业务挺过了最艰难的阶段,并在和记黄埔复苏之后,一举逆转了1997年以来"节节败退"的局面。

危机就像世界上的感冒病毒,想避免是绝对不可能的,有病乱投医也是不行的,只有对症下药再合理调养才能驱赶病毒,恢复健康的体魄。成功的道路上出现危机并没有什么值得大惊小怪的,然而有的人能够安然地度过而有的人则会在危机面前倒下,其原因在于处理方法的不同。

卖水能卖出世界五百强来,这真是一件匪夷所思的事情,然而法国矿泉水公司"碧绿液"却确实做到了。"碧绿液"不仅畅销法国,还远销到美国、日本等国家。而在发展的过程中,真正让"碧绿液"享誉世界的却是一次危机。

1989年2月，美国食品卫生部门在抽样检查中，发现部分"碧绿液"矿泉水，含有超过规定标准两倍的苯，长期饮用，有致癌的危险。消息传出，"碧绿液"矿泉水的销量直线下降。

面对这一危机，"碧绿液"公司高层非但没有惊慌，反而把它看作是一次契机，以借此机会提高自己的知名度。在消息传出之后，碧绿液公司马上举行记者招待会，向来自各地的记者们宣布：把同一批销售到世界各地的1.6亿瓶矿泉水，全部就地销毁，公司另用新产品补偿。

这一消息传出，舆论界一片哗然，大家都认为：为了几十瓶不合格的矿泉水，销毁价值两亿多法郎的矿泉水，还补偿消费者，有点小题大做。新闻媒体开始对整件事情进行全面的报道，一时间众多媒体纷纷以全版报道这一事件。很快消息就在世界传开。碧绿液公司对顾客负责，为顾客着想的美名传了出去。这不仅重建了消费者对碧绿液产品的信心，还大大提高了公司的知名度。

现在经营领域有个词叫作"危机公关"，是指在危机发生时通过一系列公关手段，对危机进行积极应对，最后成功解决危机甚至变危机为契机，促进企业的发展。"碧绿液"的案例无疑向我们展示了一次教科书般的危机公关，当危机到来时，即使内心再惊慌，也不能扰乱行动，而要抓住问题的本质，对细节——问题作出解决，只有如此企业才能够在危机中安然渡过。

6. 就像奥运赛跑一样,只要快1/10秒就会赢

现在的时代是一个速度至上的时代,信息传播越来越发达,社会联系越来越紧密,这一切都导致了社会资源被最大限度地调用。在这种情况下,原本在市场竞争中占重要位置的资金、人力等因素渐渐被忽视,速度成了制胜的法宝。

快一分就能在竞争中多占一分的优势,先于对手出发,自然就能够先于对手抵达终点,在这一点上,作为华人成功者的代表,李嘉诚看得非常明白。

李嘉诚是一个非常重视速度和效率的人,他做事向来干脆利索,从来不会拐弯抹角,与人谈生意,也都是直奔主题。他非常讨厌那些说话云里雾里,让人听半天也摸不着头脑的人。他认为那种不紧不慢,讲半天仍然不知所云的商人是不可能成功的,因为其所有的时间都浪费在说话上。在李嘉诚看来,一名合格的商人应该具有视时间如生命的精神。

"慎思果行"是李嘉诚发家致富的另一个成功秘诀。他的商场生涯里的几次重大投资都是靠着其对时间的准确把握,一举战胜对手,获得最大经济效益的。

收购九龙仓、并购和记黄埔,每一次李嘉诚都是干净利落地完成。他的成功就在于懂得掌握时机,趁低吸纳,速战速决,在最有利的情况下达成交易。时间对于李嘉诚来说,比自己的生命还重要,比对手快一步,哪怕是一秒钟,也对最后的结果起决定性的作用。

在现代社会里,经商更讲究效率。只有直接进入主题,干净利落地解决业务上的事情,才能为自己留下更多的思考时间。对于一位成功的商人来说,意识到时间的宝贵,将时间最大限度地运用是非常重要的。

生意场一直在高速运转，一拖沓就会影响全局。很多机会都是转瞬即逝的，商机也是如此，尤其是在科技高度发达、社会联系日益紧密的今天，企业要想在竞争激烈的市场上占得先机，就只有不断提高自己的速度。

钢铁大王卡内基，恐怕地球上没有几个人不知道他，而他从一个炼铁厂的小老板一跃而成为美国"钢王"的故事，恐怕就没有人听说过了。

卡内基在年轻的时候非常喜欢看报纸，有一天他在报上看到了一则消息，该消息称英国工程师贝色麦发明了一种炼钢法，使钢的制作有了大量生产的可能。

看到这则消息，卡内基立即意识到这将意味着铁时代的终结，钢时代的到来，谁能捷足先登必将前程无量。于是，他马上与弟弟商量，准备将全部资金抽出来投资办钢厂，还要借一笔款。

卡内基先是去了一趟欧洲，亲自考察了这项技术，在确定可以引进之后，立即派来一大批工程师来英国学习，而这批人就成了他钢厂里最早的技术工人。

建厂要先买地皮，卡内基看中了独立战争时期布拉多克战场一带的一块土地。那块地的地主听说卡内基要在他的土地上办厂，竟一夜之间把地价从每英亩500美元提高到2000美元。运作这件事的弟弟犹豫起来，忙打电报请示哥哥。接电报时卡内基正在吃饭，听到这一消息，他马上放下饭碗去电报局发了一个加急电报，告诉弟弟快买下来，不然明天要涨到4000美元了。

凭借着超快的速度，在别的冶炼厂还在观望的时候，卡内基的钢厂已经兴办了起来。而投产之后的钢厂，因为技术先进，质量过硬，很快打开了美国市场。最初钢厂的资本只有100万美元，但不久其每年的利润就达到200万美元，后又增至500万、1000万，红火得令那些"反应迟钝"的同行无比嫉妒。

　　在战场上，时间就是胜利，谁抓住了时间谁就能在对垒中占得先机；在商场上，时间就是金钱，激烈的竞争中谁先抓住时间，谁就把打开财富大门的钥匙抓到了手里。想要在竞争激烈的生意场上胜出，就必须合理地掌控时间，充分利用时间，事事抢在别人前头。

　　"在竞争激烈的世界中，你付出多一点，便可赢得多一点。好比在奥运会上参加短途赛，虽然是跑第一的那个赢了，但比第二、第三的只胜出少许，只要快一点，便是赢。时间永远是最宝贵的，如果在竞争中，你输了，那么你输在时间；反之，你赢了，也赢在时间。"李嘉诚如是说。

7. 紧随时代发展的需要做企业

　　企业是依靠市场生存的，市场是一个企业的生存之本，如果没有市场，即使企业在其他方面做得再好，也没有生存的可能。因此如何找准市场，成了很多企业的工作重心。

　　市场来自于客户的需求，有什么样的需求就有什么样的市场，而客户的需求是经常改变的，尤其是在今天这个信息膨胀的时代，很多昨天还流行的东西，到了明天可能就过时了，因此对于企业来说，追逐市场其实就是紧跟时代发展的需要。

　　1979年，李嘉诚的长江实业拥有的地盘物业面积已经超过了香港房地产原来的霸主——置业集团，成为新的行业领袖，然而在1972年长江实业刚刚上市李嘉诚提出赶超置地的远大目标时，没有几个人愿意相信他。

仅仅7年时间，李嘉诚就让他人的质疑变成了肯定，这个奇迹的创造，来自于他能够把握住市场的脉络，紧跟时代的步伐。

时代总是在不断进步，人的需求、喜好、消费观念也总是随着时代而不断变化，这种情况下，成功永远属于那种能跟得上时代以及走在时代前面的人，而那些总是被时代拉开很远的企业，等待他们的就只有失败，著名的汽车公司克莱斯勒就是一个很好的例子。

克莱斯勒曾一度陷入了前所未有的危机中，几近破产，究其原因是因为公司太过保守，不注意观察时代的变化、把握市场的需求。

在20世纪七八十年代的美国汽车市场，商家竞争的手段正集中在从营销手段到改变车型的过渡阶段，而以刻板保守著称的克莱斯勒，仍然采用前者策略，通过营销来占领市场。但是，这一套却在与其他公司的竞争中败下阵来，面对层出不穷的新车型，消费者纷纷抛弃了单调的克莱斯勒。

由此我们可以看出，市场的需求对于公司的生存是多么重要，小到饭店的菜色，大到汽车公司的车型，如果不能得到消费者的青睐，那就只有死路一条。

认清了这一点的克莱斯勒董事会终于作出决定，他们为公司聘请了创造力丰富的"救火队员"艾柯卡。而艾柯卡来到克莱斯勒公司所做的第一件事就是推出新的车型，他把"赌注"压在了敞篷汽车上。

虽然在当时的美国，敞篷汽车并不受欢迎，但艾柯卡认为，推出新的敞篷汽车可能会激起老一辈驾车人的怀念，引起现代驾车人的好奇。当然在推出新的敞篷车之前，艾柯卡做了一番详细的调查，他把敞篷汽车开到购物中心等地,每到一处都能吸引一大群围观的人,经过几次"投石问路"之后,艾柯卡掌握了消费者的需求情况。

不久,克莱斯勒公司正式推出"男爵"敞篷汽车,很多提前得知消息的驾驶者预付定金,使得第一年敞篷汽车就销售了23000辆,是预计销售量的7倍。这一个车型就让克莱斯勒转危为安,再次走上了正常发展的道路。

任何行业任何产品,都有着自己的寿命,然而为何有些企业却能屹立百年而不倒?这是因为它对时代有着超越他人的灵敏度,能够紧紧跟随时代的脉络,随市场需求的变化而改变自身。

市场永远是一个适者生存的领域,当一个老牌企业被淘汰,转眼间就会有一个新的企业填补它的位置,时代不会因为你的守旧而放慢脚步,因此作为一个成功的企业,只有对时代紧跟不舍才能够永远保有生命力。

8. 不离开核心产业

核心产业是企业的主导,一旦核心产业出现问题,企业的存在就失去了价值。

说起雀巢,很多人第一印象是雀巢咖啡,很少人知道,雀巢集团是一个多元化发展的大企业,该公司的产品甚至还包括化妆品。

在雀巢繁多的产品中,有些产品的盈利状况已经超过了其主营的咖啡,然而为何该公司还只将主要精力放在咖啡上面,而对于其他产品显得投入不够呢?这是因为每个企业应该有自己核心的产业,只有如此才能够确定自己发展的方向,找准自己所在的领域,进而在市场上站稳脚跟。

市场的竞争只会越来越激烈，在激烈的竞争中你只有比对手强才能够占得先机，而如何能强于对手呢？那就要求企业有自己的核心竞争力，通过相对优势"一招制敌"。

毛泽东说过，要集中优势兵力歼灭敌人。企业也是如此。很多创业者资金少、人才少、企业规模小，再加上管理水平比较低下，要想在竞争激烈的市场中占据一定份额，就必须集中全部的资源、时间以及精力，这就是所谓的"小行业中做大文章"。而要想如此行事最重要的就是专注：认准一个核心产业一直坚持走下去，持续专注地进行开拓。只有这样，企业才能把自己比较单一的产品、服务拓展到尽可能广的市场范围中去，进而获得高额的持续的回报。在这一点上，中国第一电子商务平台阿里巴巴就做得非常好。

1995年马云首次进入电子商务领域，在这以后的16年里，他只做了一件事，那就是不断完善阿里巴巴，正是这份专注，使他创立了这个世界最大的电子商务网站。

2001年，由于整个互联网行业的不景气，阿里巴巴也命悬一线，因为没有后续资金投入，盈利模式也不清晰，无论是用户还是投资者都传来一片指责声，但马云却不为所动，没有靠自己积累的经验和资本转向其他的行业，而是依然坚守自己的电子商务。

到2002年年底，互联网终于从严冬中走了出来，阿里巴巴也成长得更加壮实，瞬间发展成拥有超过400万家用户的超级网络交易平台。阿里巴巴的快速发展，给马云带来了新的诱惑，因为当时互联网最热门的是短信业务和游戏业务。前者以搜狐和网易等中国门户网站为代表，其在短信市场上取得了巨大的利益，后者以盛大的陈天桥和巨人的史玉柱为代表，发展得日进斗金。

涉足这些行业对于有雄厚资本的马云来说，简直是轻而易举，然而他最终抵挡住了诱惑，选择继续专注于阿里巴巴。今天我们看到，短信业务几乎从互联网上消失了，游戏业务也陷入了混战的泥潭里，而电子商务领域却仍然是阿里巴巴一家独大的局面，试想如果当初马云为了攫取更大的利润而把资金和人力分散出去，那今天的阿里巴巴恐怕就不会有如此的行业地位。

专注一直是马云成功的法宝，因为专注可以让他将全部精力放到这个领域上，让他对一个领域越来越熟悉，进而随时间的发展建立起别人无法企及的优势。

在很多时候我们都会为这样的问题所困扰：想要做的事情多，但所能投入的精力少，不知道具体应该做什么，放弃哪一个都不甘心，于是只好这边用点功、那边用点劲，最后一事无成。

生活如此，企业也是如此。在一个企业发展的黄金阶段，总能够遇到这样那样的机会，但由于人力物力等方面原因，企业很难把这些机会都抓在手里。于是很多企业选择了多样化经营，意图让每个机会都不错过。这样做会在无形中虚弱自己在单一产业上的投入，使企业无法凝聚出核心竞争力，最终往往在竞争中败下阵来，而那些虽然进行多种经营但首先照顾核心产业的企业，却总能在兼顾其他机会的同时巩固自己在核心行业当中的竞争力。

李嘉诚的长江实业集团也是一个以多样化经营著称的企业，然而无论其投资通信也好，投资传媒也罢，却始终没有放弃自己的核心产业——地产，因此它才能够在激烈的竞争中屹立不倒，成为香港商界的标杆。

"企业的起伏，国内外都有，但最重要的是企业无论大小，无论在东方或西方也好，都要有一些核心的业务。有不同的核心业务就可以在某些行业经济不好的时候，起到非常大的作用，这点是我个人的经验。我经营业务的格言就是：发展中不忘稳健，稳健中不忘发展，这亦是我从商的座右铭。"李嘉诚如是说。

9. 当机立断，爽快的人能赚大钱

我们在探寻一些成功人士的故事时，总是乐于讨论他们成功的途径、方法，却往往忽视了一个重要的因素——他们的性格。性格能促使人成功，这绝非虚言，如果大家仔细观察就能发现，那些成功人士的身上大多具有区别于普通人的性格特点，豪爽就是其中之一。

当然，我们所谓的豪爽并非是那种"大口喝酒、大块吃肉"的快意，也绝非"千金散尽还复来"的豁达，而是一种遇事不慌、处事磊落、做事果断的性格，是一种和犹豫逡巡相对立的"豪爽"。

李嘉诚认为，成功要靠机会，但机会却并不一定能带来成功。当机会出现时，一个"豪爽"的人能够将目光放在机会背后的成功上，进而果断前进；而一个不那么"豪爽"的人则总是为机会背后的失败所困扰，进而犹豫不前，坐失机会。成功是需要当机立断的，而当机立断是"豪爽"者区别于他人的特点。

李嘉诚说过："很多企业家，个性豪爽，做事磊落，经商者需有果断力，因此，做事犹豫不决的人，非常不适合经商。"一个人如果不具备迅速判断、快速下决心的性格，就无法将生意做好。反过来说，具有这种条件的人，通常都是商场上的成功者，李嘉诚就是这样一个豪爽的成功者。

20世纪50年代中期，国际市场上兴起了一股塑胶花热，很多家庭都喜欢买几盆塑胶制作的花朵摆在室内,装点房间,因此市场上的塑胶花一时供不应求。

面对这一千载难逢的商机,李嘉诚当机立断,集中所有资金,亲赴意大利进行考察。在考察过程中,他看到意方提供的设备和工艺,非常心动,立即拍板预定了下来,紧接着他立即返港投资建厂。就这样李嘉诚成了香港第一个生产塑胶花的人,也因此独享了很长一段时间的市场,而后,在其他观望的同行纷纷开始学做塑胶花时,他已经建立了世界上最大的塑胶花工厂"长江塑料花厂",成了当之无愧的"塑胶花大王"。

积累了将近十年的塑胶花财富之后,一次偶然的机会,让李嘉诚知晓北角有一块地皮打算出售,他立即找到出售方,第一时间购得了该地,以此兴建了一栋十二层的高楼,从此正式进入地产行业,并一步步成为了今天的"李超人"。

其实在当时,北角那块地并非只有他一个人看上,很多人先于他动了购地的念头,但一直在地价上和售方纠缠,让售方颇为不满。而李嘉诚则不然,他认为该地有利可图,于是立即答应对方的要价,以豪爽的打交道方式给对方留下了深刻的印象。李嘉诚成功地拿到了那块地,而那些竞争对手就只能在一旁叹息。

在现实中,我们常听到这样的话:"某某真是个爽快人,和这样的人办事就是舒服。"爽快、当机立断是很多成功者能处处逢源的原因,李嘉诚用他真实的故事向我们证明了这一点。同样的,在日本也有一个非常豪爽的成功者,他以投资他人创业计划进而分享他人的劳动成果著称,他就是孙正义。

在1995年,孙正义第一次接触网络产业就立即决定在此方面做巨大的投资。经过一番调查之后,他选中了还在起步阶段的雅虎公司。他投给雅虎公司的第一笔资金二百万美元。不久,他和雅虎公司的创办人杨致远一起吃饭,表示要再投资一亿给雅虎,换取雅虎公司33%的股份。

杨致远听到孙正义的提议,认为孙正义先生是疯了,因为当时的雅虎还只有五名员工,公司的方向还没有确定,连他自己都不知道雅虎公司的未来如何。但是孙正义相信自己的眼光。在1996年3月他真的投给雅虎公司一亿美元,此后他又陆续不断地追加投入,前后投资金额总计达三亿五千五百万美元。

在互联网发展的早期阶段,资金是保证一切的根本,还处于成长阶段的雅虎有了资金,简直如虎添翼,迅速发展成为世界知名的网络公司,而孙正义也以他独到的眼光,换来了惊人的收益。

对于成功者来说,机遇和行动缺一不可,如何才能将二者结合在一起?这需要个人有当机立断的能力。一个豪爽的人能够在认清形势、选对方向的同时表现出非凡的决断能力,而那些优柔寡断者只能望洋兴叹。

我们所见到的失败者和平庸者远远多于成功者,因为有的人有行动却找不到方向,有些人找到了方向却不敢行动,只要能够把这两点结合起来,才能够顺利地从失败和平庸当中脱颖而出,成为一个成功的人。

第十二课

学习：一辈子都在努力自修

李嘉诚说："同事们去玩的时候，我去求学问；他们每天保持原状，而我的学问日渐提高。"学无止境，对商人而言，财富是知识资本和智慧的结晶。李嘉诚认为，"一个人只有不断填充新知识，才能适应日新月异的现代社会，不然你就会被那些拥有新知识的人所超越。"

1. 读书可以立身，好学亦成儒商

商务印书馆创始人张元济有句话叫作"世上三百年旧家无非积德，天下第一等好事还是读书"，读书在中国人心目中与积德占有同样重要位置的。作为兼有中国传统作风的成功者，李嘉诚对读书的热衷不次于他对慈善事业的热衷。

　　抗日战争爆发，李家辗转来到香港，家境每况愈下，但即使在这么恶劣的环境下，父亲仍然对李嘉诚的学习非常关心。

　　但好景不长，随着父亲的去世，李嘉诚不得不放弃学习，出门打工贴补家用。然而虽然离开了学校，李嘉诚却并未离开书。

　　当时的李嘉诚在一家茶楼当跑堂，工作十分辛苦，几乎每天李嘉诚都累得筋疲力尽。但就是这种情况下，他依然没有忘记学习，工作回到家后，还会就着油灯苦读到深夜。他的同事们闲暇之余聚在一起打麻将时，李嘉诚却捧着一本《辞海》在啃，时间长了，厚厚的一本《辞海》被翻得发了黑。

　　后来，李嘉诚在中南公司做学徒，这时，他给自己定下了新的目标——利用工余时间自学完中学课程。尽管李嘉诚有十分强烈的求知欲望，但却为没有教材而发愁。因为他的工资微薄，既要维持家用还要供养弟妹上学，根本没有多少多余的钱用来买教材，所以只能买旧教材。

　　今天，当李嘉诚回首这段往事的时候，他总是感慨道："先父去世时，我不到15岁，面对严酷的现实，我不得不去工作，忍痛中止学业。那时我太想读书了，可家里是那样的穷，我只能买旧书自学。我的小智慧是环境逼出来的。我花一点点钱，就可买来半新的旧教材，学完了又卖给旧书店，再买新的旧教材。就这样，我既学到知识，又省了钱，一举两得。"

　　从一个茶楼的小跑堂，到五金店推销员，从一个塑胶花厂的总经理到今天的香港第一富豪，几乎在每个阶段李嘉诚都能在同行中脱颖而出，这除了因为他的韧性和努力之外，更是与他的智慧分不开，而智慧来源于他成年累月的学习。

　　有记者问李嘉诚："今天你拥有如此巨大的商业王国，靠的是什么？"李嘉诚回答："依靠知识。"有人问李嘉诚："李先生，你成功靠什么？"李嘉诚毫不犹豫地回答："靠学习,不断地学习。""不断地学习"是李嘉诚取得巨大成功的奥秘。

"无商不奸",中国古代读书人总是有着这样的想法,因而在古代商与书总是对立的。但是一个商人如果有志于读书,并能够时时用学来的知识补充自己,用书中的道德规范自己,那么他就不再是一个唯利是图的"奸商",而是一个有德行的"儒商"。说起儒商,我不能不提一个人,他就是中国晋商的代表人物乔致庸。

乔致庸堪称是中国商人中将德行和利益完美结合的典范。乔致庸本是一名儒生,一心以考取功名为业,然而家庭变故让他不得不走上商贾之路。

乔致庸待人向来随和,对下属无论亲疏远近,一视同仁;对顾客也非常讲究诚信,"先义后利"是他的商业准则。他一生行善无数,乐善好施,大度慷慨,很受百姓拥戴,这为他兴旺的生意打下了基础。

能够学人之长的他从书中觅得了一个商机,那就是经营票号(早期银行业)。为此他先后走访了全国各地的钱庄、典当行,查看票号行情,并且不断翻阅有关于票号的书籍,最终大德兴票行成了乔致庸最大的财源。

读书可以立身,好学亦可成商,乔致庸和李嘉诚用切身实例为我们证实了这一点。学习,对于从事任何职业的人来说,都是永远的正途。

人生的道路曲折而又漫长,每个人都有自己想要实现的梦想,梦想的实现除了要有切实的努力之外,也还要用不断地学习来充实自己。只有不断地学习,你才能够保证自己在面对没有遇到过的问题时不至于手足无措,才能保证在实现理想的机会到来时不把它放过。

2. 从前经商只要有些计谋，现在还必须要有丰富的知识资产

商场如战场，先谋而后动，我们查阅有关商场的故事总不难发现，能够在同行业中脱颖而出的成功者，总是那些有着非一般计谋的人。乔致庸包头倒卖高粱首战成功，靠的是绝佳的计谋；罗斯柴尔德借着滑铁卢战役在伦敦交易所大发横财，靠的也是计谋。

李嘉诚自幼聪颖好学，对传统文化抱有浓厚的兴趣。他一直希望自己能够像父亲一样做一名博学多才的教师。然而时局动荡，环境改变，贫困使李嘉诚不得不辍学，为了养家糊口而拼命赚钱。但李嘉诚却未放弃学习，他一边打工赚钱一边学习。通过学习，他不仅了解世界潮流的发展趋势，掌握必要的信息，还拓宽了自己的眼界。

李嘉诚在创业的时候，是非常注意知识累积的。早在他做推销员的时候，就看好塑胶产业，也有创业的打算。但是他并没有着急去创业，而是跳槽到一家塑胶厂做推销员，经过一段时间，他掌握了塑胶产品的生产工艺和整个产业的运作流程。这个时候，李嘉诚提出辞职，创办了自己的长江塑胶厂，虽然规模不大，也没有专业的人才，但是他自己却是这方面的行家，带领着自己的厂子一步步地壮大。

计谋要想得到实现，首先要依靠它的隐蔽性，让其不为常人所知晓。然而，在今天这个信息发达、社会联系紧密的时代，计谋隐蔽的土壤是越来越小了，一项商业方案的制定和实施想要完全"不见光"几乎是一件不可能实现的事情。在这种情况下，计谋对于商业的作用越来越弱了，而知识在商业中的作用则越来越明显。

伯克希尔是世界上最成功的投资企业,它几乎是所有投资者心目当中的神殿,是投资业难得的常青树。说起伯克希尔就不能不提他的经营者,股神巴菲特。从1956年至今,巴菲特让公司的价值翻了两万倍,缔造了一个令人咋舌的财富传奇。而他之所以有如此大的成就,与他自身扎实的投资理论基础分不开。

巴菲特青年曾师从于当时最伟大的投资学者格雷汉姆,并以另一位投资大师,菲利普·费雪为精神导师。他悉心研究两者的投资理论与实战经验,以此来构建自己的投资理论体系。当他真正进入投资领域之后,这独特的投资理论体系成了他屡屡战胜市场的法宝,让他总能先于别人对市场做出判断,进而让自己处于常胜位置。

如果我们看一看那些世界著名企业家的故事就能发觉,几乎所有成功的企业家都是具有一定知识储备的人,而且他们还必定是一个懂得学习知识的人。

现代商业竞争已经不再是尔虞我诈就能够取得成功了,知识的竞争已经成为竞争中最重要的一环。要想成为一个成功的企业家,你不仅要拥有知识,还应该学会储备知识资产。知识资产在用不着的时候,丝毫显现不出价值来,所以很多企业家不肯花大价钱来做这看似无用的事情,这是他们失败的原因。真正的大企业家,会时刻注意知识资产的储备,在关键时刻,将知识资产化为巨大的力量,为自己挣得最大的利益,使自己收获更多的财富。

3. 同事们去玩的时候，我去求学问，抢知识就是抢未来

鲁迅说过发人深省的一句话："哪里有天才，我只是把别人喝咖啡的时间用到了写作上面。"

在学校的时候，几乎每个人都有过这样的经历：寝室里都总有这样一个"不合群"的人，大家出去踢球，他说要去图书馆；大家结伴逃课，他却待在教室里；大家在下面打牌，他却在床上背单词……对于这样的人，我们一般都说他"呆子"，然而四年过去了，当我们一个个为工作发愁的时候，"呆子"却因为扎实的成绩被保送研究生了。

李嘉诚说："同事们去玩的时候，我去求学问；他们每天保持原状，而我的学问日渐提高。"李嘉诚能够在众人中脱颖而出，靠的是自强不息的学习精神。

其实成功者从平庸者中脱颖而出前往往都会如此，在别人分心的时候专注学习，在别人懈怠的时候努力进取，最终在别人平庸的时候获得成功。在今天这个知识对于成功作用越来越大的时代，先于别人、专注于学习显得更为重要。

无论是一个企业，还是个人，想要在竞争中获胜，知识是不能不考虑的决定性因素，积累比别人多的知识，就能赢得比别人多的财富。如今认识到知识重要性的人越来越多，在我们的周围充斥着很多不断学习的人，那么我们如何能够确保自己超过他们呢？这就要我们比他们更努力，在他们学习的时候不能放松，在他们放松的时候，依然努力地学习。对于这一点，年轻时的李嘉诚非常明白。

当年，李嘉诚也和我们每个人一样普通，因为父亲早逝他不得不辍学养家，从茶楼一个小小的跑堂开始做起。跑堂的工作本就很辛苦，然而

李嘉诚却并未因此荒废学习,他没有像其他同事那样,上班下班,重复着得过且过的生活,而是发奋图强,用更多的时间来学习知识,提高自己。

正是靠着知识的积累和努力精神,李嘉诚后来才能在塑料厂里脱颖而出,一年时间就由普通员工成为经理,并且开始了自己的财富生涯。而在独立创业的岁月中,李嘉诚无论在哪一个行业都能比其他人做得优秀,一次次向更高的地方迈进,这归功于他强于别人的学习精神。

不断地学习使李嘉诚拥有远见卓识,率先掌握市场发展动向,在一次次地竞争中取得胜利,最终有了今天的成就。而他茶楼那些安于现状的同事,终其一生恐怕也只是一些默默无闻的人。

"学习如逆水行舟,不进则退",现代社会竞争激烈,每一个人都在铆足了劲往前走,只要你稍有松懈,就会落于人后。如果我们不能每天都比别人多学一点知识,那么竞争力就会下降。虽然我们不会因为不学习而丢失什么,但是相对于别人的进步来说,我们是在退步。所以,我们必须努力,在别人玩的时候,依然努力。别人没有进步时,向前进,别人进步时,大踏步向前进,始终先人一步,我们就能取得财富。

财富的获得,需要一步步地来,我们也许在一个很低的起点,财富对于我们来说很遥远,但看不见并不代表不可能。李嘉诚在茶楼做伙计的时候,谁能预料到他能拥有今天的巨额财富?只要我们每天都比周围的人多进步一点,就能在同辈中脱颖而出,就能向更高的地方迈进。这样一点点地向更高的领域拓展,终有一天,我们能够像李嘉诚一样,走上最高层,赢得财富。

在以知识竞争为主要竞争形式的今天,谁占有了知识谁就占有了财富,想要拥有多于他人的财富,首先你就要拥有多于他人的知识。知识储备的越多,等到知识转化为财富的时候,就能获得越多的财富。

如果我们每天都比别人多学一点,多积累一点知识,就一定能在竞争中先人一步,在既定的财富总额中,多划出一些属于自己的比例。

4. 持之以恒地追求新知识

在如今这个时代,科技不断进步,人与人联系不断紧密,知识的交流与沟通也变得越来越方便和频繁,任何领域中的原有知识的更新变得越来越快。李嘉诚认为,在这种情况下,人只有不断地温习旧知识,学习新知识,才能够抓住知识的脉络,进而在将知识转化成财富的道路上占得先机。

对于知识的掌握,李嘉诚创造了一个新的名词叫作"抢学问",这反映了他对知识的重视程度。李嘉诚曾这样形容自己:"人家是求学,我是在抢学问。"他认为,善于"抢学问",就是在抢财富,抢未来。

李嘉诚曾说:"在知识经济时代里,如果你有资金,但是缺乏知识,没有新的信息,无论何种行业,你越拼搏,失败的可能性越大。但是你有知识,没有资金的话,小小的付出就能够有回报,并且很可能达到成功。现在与数十年前相比,知识和资金在通往成功的道路上所起的作用完全不同。"

新行业、新产品总是最能获得财富,因为竞争者少,市场面宽广,比尔·盖茨之所以成功,是因为他率先了解计算机的知识,第一个将简易操作系统应用到了计算机上。然而像盖茨先生这样发掘新行业、创造新产品,必须以新知识和新技术作为支撑。因此但凡是成功者,都极为重视新知识的掌握。

在今天,几乎没有人不知道麦克·戴尔和他的戴尔公司,然而很少有人知道,他之所以仅靠组装电脑就成为亿万富翁是因为他对新知识的掌握。在计算机刚刚出现的时候,戴尔就已经迷上了它,并醉心于获得一切有关于计算机的知识。而当他进入社会之后,这些别人没有的知识让他看到了莫大的商机，而他因之成立了第一家以组装电脑为业的销售企业——戴尔公司，并"一路狂奔"直到今天。

如今，组装电脑已经成了很多人会的一门手艺，然而戴尔靠着这门手艺获得成功，靠的是在别人不会的时候先学会。

在成功领域有句话叫作机会只青睐有准备的人，但什么人是有准备的呢？有准备的人就是总能获得新知识、新技术，掌握别人没有的手艺的人。

李嘉诚曾经说过："一个人只有不断填充新知识，才能适应日新月异的现代社会，不然你就会被那些拥有新知识的人所超越。"他本人勤奋学习，博览群书，并且留意新科技、新发明，靠着知识引导自己前行的道路，才敢于向新的领域发出挑战，在挑战中获得财富。

李嘉诚从一个一文不名的学徒到"塑胶花大王"，从地产的大亨到股市的大腕，从商界的超人到知识经济的巨擘，从行业的至尊到现代高科技的急先锋，一路走来，几乎都能占得先机，获得巨大的财富，这全靠他对新知识的追逐和掌握。

5. 知识不仅指课本的内容

著名政治家、美国第三任总统托马斯·杰斐逊先生说过："一个自由的人除了从书本上获取知识外，还可以从许多别的来源获得知识。"书籍和学校教育是很多人的知识来源，然而对于事业上的成功来说，仅有书本上的知识还远远不够，一些来自于社会大学的知识，是成功不可缺少的。

李嘉诚曾说："知识是新时代的资本，五六十年代人靠勤劳可以成事；今天的香港要抢知识，要以知识取胜。"

人无论接受过多少教育，终归还是要走入社会的，而那些能够获得多于他人社会经验的人则一定能够更快地适应社会。因此对于一个人来说，虽然学校的系统教育不可谓不重要，但来自于社会大学的知识也是不可缺少的。

对于社会大学，从那里走出的李嘉诚颇有感触，他曾经说："知识不仅指课本的内容，还包括社会经验、文明程度、时代精神等整体要素。"他是如此说的，也是如此做的，可以说正是这些来自于社会大学的知识，使得他摆脱了书卷习气，让他的聪明和努力得到更好的发挥，进而取得了今天的成就。

我们知道，对于商人来说，最重要的知识是为人处世，然而这些知识是书本上所没有的，需要到社会大学中去学习。李嘉诚在生意场上打拼多年，慢慢摸索出一套属于自己的处世学问，而正是这套学问让他的生意越来越好，合作者越来越多。李嘉诚曾经自豪地说，自己的合作者大多数都是自己找上门来的，这与他独特的处世学问是分不开，而他的处世的学问来自于他对社会知识的吸纳。

同样作为成功者，阿里巴巴集团老板马云曾说过："创业者最好的大学就是社会大学。"他认为"初中生创业也不错"，因为在他看来，初中生在社会创业大学学的东西比别人更多，但是学习一定要总结，不总结也不行。

马云曾经担任过电视节目《赢在中国》的评委，在一期节目当中，一位读过MBA、回国后又在国内某公司工作了半年的创业参赛选手曾经和马云有过这样的"交锋"：该选手拿出了自己的参赛作品，那是一个结合网络游戏技术模式与远程教育的教学宗旨，开发出游戏的平台，它可以把知识有机地融合于游戏之中，通过游戏来学习知识。

作为评委，马云自然要给他一些建议与评价，马云给出的建议是："你的计划讲得不错，你做事比较稳重、也很理性。我觉得这个计划竞争会非常激烈，然后很难做大，但是能做好、做成。我想另外一个建议创业者往往是一个开拓者，我同意你刚才的想法，MBA学了很多的知识，但是未必能用得上。所以很多时候创业者因为自己搞不清楚去创业，等你去搞清楚以后就不去创业了。书读得不多没有关系，就怕不在社会上读书。"

每个成功者甚至于每个普通人都有着属于自己的知识体系，这一套独特的知识体系是他们日常行为的指南针，也是他们最终能否取得成功的决定性因素。然而，每套能够带来成功的知识体系都不是那么简单的，学习知识更不能过于死板，书本教给我们的是技能性的知识，不能囊括所有，要在当今社会立足，并且获取财富，还要用更多的知识来填充。

在书本上、学校中里，我们所学到的知识很多是专业化知识，而专业化知识是对人技能的培养，促进人整体发展的知识是在书本上很难学到的。

没有来自社会的知识做支撑，书本知识就会成为无用之学，知识再多也难以转化为财富。因此，学习知识，一定不能只局限于书本，而要在社会生活中进行总结。

6. 善于灵活运用知识

武器本身没有御敌的能力，只有把它们拿在手中，组成武装才能够击退敌人，同样的，知识本身并不能带来成功，只有用知识"武装"自己，并且在实践中灵活地运用它们，才能够带来成功。

这是个知识经济的时代，知识就是金钱，然而我们总能看到一些拥有很多知识的人平庸一生，这是因为他们没有把知识付诸实践，不能运用手中的知识。而有一些成功者，他们与平庸者相比并没有多大的优势，只是能够付诸行动，他们有胆量把知识运用到实践中。而结果证明，这种敢想敢做的人往往会成为令人羡慕的成功者。

当初李嘉诚在开办长江塑胶厂时，身边没有得力的人手，手中也没有充足的资金，但就是凭借着不试一试不甘心的念头，毅然把全部身家投进了塑胶厂里，最终他成功了，并从此走上了财富之路。

试想，如果李嘉诚瞻前顾后害怕失败而不敢实践自己的想法，那么他一身关于塑胶的知识恐怕就要荒废了，今天的"李超人"可能还窝在哪个小工厂里给人当经理呢！

一般认为，开始一份事业，计划、资金和知识缺一不可，这其中最重要的莫过于知识。资金确实很重要，然而并不是不可或缺的，但如果没有知识，就肯定会四处碰壁，最终一败涂地。因此对于掌握了知识，并可以运用知识的人来说，如果没有胆量将知识应用到实践中，那就无异于把机会拱手让人。

能否将知识充分的与实践结合起来，是智力型企业家与知识打工者的本质区别，世界首富比尔·盖茨就是智力型企业家的代表。

比尔·盖茨很小的时候就接触过计算机，当他进入哈佛大学的时候，已经是一个计算机领域的专家，以致当时哈佛的程序课程都入不了他的眼。

一次偶然的机会，盖茨看到了《大众电子学》杂志封面上一台Altair8080型计算机的图片，它一下子点燃了盖茨的创业热情。他立即打电话给计算机公司表示要给Altair研制Basic语言，Altair公司的负责人将信将疑地答应了他的请求。结果盖茨和好朋友艾伦在哈佛阿肯计算机中心没日没夜地干了八周，为8008配上Basic语言，赚到了人生的第一桶金。

而后,认识到知识可以带来财富的盖茨干脆从学校退学,把精力全部用在研究软件和创办公司上面,就这样微软公司成立了。到今天,微软已经走过了二十多个年头,并为盖茨带来了举世瞩目的成就。而这一切,都源于他对计算机知识的掌握和大胆的实践应用。

我们这个世界绝不缺乏白手起家的成功者,这些人一开始虽然没有任何资金,但是他们却具备那些有资金的人所没有的知识。他们通过交换,以知识换取了创业的资金,最终依靠知识取得了巨额财富。

在当今社会经济条件下,知识的重要性更加突出。想要创业,就需要你先确定方向,不断丰富自己的知识,在拥有知识的基础上进行创业,才有可能取得成功,获取财富。

财富其实是知识资本和智慧的结晶,是历史经验和经典谋略的具体落实,如果运用得当,知识就具有鲜活的生命力,财富资本也会大大增值。假如运用不当,经典的哲思就会成为死板的智慧,不但于事无补,还会弄巧成拙,带来灾难性的后果。所以,一定要灵活运用知识。

7. 运用知识而不是照搬知识

知识是财富的来源,运用知识是取得财富的手段,然而运用知识并非照搬知识,一个人即使掌握了知识,但只知道生搬硬套也不可能获得财富。致力于成功的人,把知识运用到实践中固然重要,但更重要的是要根据实际情况变换方式运用手中的知识,不能照搬。

我们都知道,李嘉诚是从创办塑胶厂开始发迹,而他之所以创办塑胶厂是因为他通过给别人打工,了解了有关与塑胶玩具生产的全套工艺。可能很多人都不知道,李嘉诚其实并没有照搬自己从别人那里学到的经验。

在当时的香港,塑胶玩具因为工艺简单、投资额比较少,行业门槛极低,几乎遍地都是,这造成了利润市场的严重萎缩。在这种情况下,李嘉诚虽然认准了塑胶这个行业,却并未着急投身于竞争大潮中去,在思考了很久之后,他决定转变方向,生产当时香港并没有人生产的塑胶花。因为他在香港乃至于亚洲都是第一个塑胶花厂商,因此很快占领了市场。凭借塑胶花,李嘉诚也赚到了自己人生的第一桶金。

李嘉诚的知识来源于实际,但实际情况是会发生变化的,因此在运用的时候我们必须进行变通,试想如果李嘉诚没有变通而是照搬别人的经验,同样生产塑胶玩具,那么他那势单力孤的小厂恐怕早就在汹涌的竞争浪潮中销声匿迹了。

咱们中国有句话叫作"死读书、读书死",读书是获取知识成就事业的源泉,然而一个人如果只会死读书的话,那非但到手的知识带不来事业,还可能酿成"读书死"的惨剧,古代著名的"纸上谈兵"里,那个只会照搬书本知识的赵括就是很好的教训。

其实不只是读书所获得的知识,人的一切知识都是这样,其实有很多人称得上"胸中蓄有千策",但最后却并未成就什么了不起的事业,因为他们没有把"胸中策"用对地方。而一个善于总结实际情况的人,即使所拥有的知识很少,也能够依靠举一反三、触类旁通的本领做出一番成绩,李嘉诚就是这样的例子。

市场的发展是非常迅速的,今天还是潮流的东西等到了明天就可能变得过时,因此只懂得照搬昨天的做法、千篇一律地使用既得的知识,不但不能够带来成功,反而可能使自己陷入困境。一个我们熟悉的寓言故事就昭示了这一点。

驴子背盐过河,在河边跌了一跤,落入水中,盐融化了,驴子顿时感觉轻松了许多。驴子因祸得福,获得了经验,非常高兴。后来,有一次驴子背棉花过河,它以为再次跌倒的话,可以像上次一样减轻负担。于是,走到河边时,它故意跌倒水中。谁知吸了水的棉花,非但不能让驴子再站立起来,还使它一直下沉,直到被河水淹死。

驴子的教训在于它没有将经验放到实际情境中,办事前不先想想合不合适就只知道照搬知识,最终使自己步入死亡的境地。很多失败者都是如此,他们并非没有知识,也并非不知道知识只有通过实际行动才能发挥作用,而是没有将知识和实际完美地结合,这就像把圆形螺丝硬拧到方口螺帽上面。

因此,一个成功者必须学会用切合实际的眼光去看问题,只有这样,你才能清楚地看到市场发展的真正趋势,从而根据市场的趋势变通着使用自己的知识。

在如今这个时代,书本上的知识很容易获得,但来自于实践的知识则非常宝贵,对于如此宝贵的知识,我们不仅要把它用到实处,更要尽最大可能让它发挥作用,只有这样才不辜负我们在获得它们时所付出的辛劳。

橘生淮南则为橘,生于淮北则为枳,知识的应用也是如此,再好的知识不能当作"万金油"使用,只有根据实际情况它才能够发挥作用。因此掌握知识是成功的关键、运用知识是成功的关键、让知识和实际配套更是成功的关键。